松浦景子の
バレエあるある キラキラ★

JN069426

松浦景子

YOSHIMOTO BOOKS

はじめに

こんにちワルツ～♪

どうも～、バレリーナ芸人の松浦景子《まつうらけいこ》です！　キラキラ★

2021年春に出版した『松浦景子のバレエあるある』（マキノ出版）に続いて、第2弾が登場しました！

子どもの頃から本を出すことが夢だったのですが、まさか2冊目も出せるなんて……いつも応援してくださっている皆様のおかげです。ホンマにありがとうな～♡

私は、1冊目を出したことがきっかけで、バレエ界でもお笑い界でも注目していただく機会が増えました。以前では考えてもいなかったような企画に声をかけていただくことも多く、ビッグニュースの連続。ちょっと振り返っただけでも、こんなにたくさんの重大発表がありました。

松浦景子オリジナルグッズ販売（2021年6月）

バレエシャンブルウエスト「第32回清里《きよさと》フィールドバレエ」出演（2021年～）

※そのほか、バレエやミュージカルの舞台に多数出演！

公式ファンクラブ「チームけっけ」発足（2021年12月）

新ブランド「Kekke」発足（2022年3月）

展示会「松浦景子のバレエ大好き展」開催（2022年3月）

初単独ライブ「くるみ割りすぎ人形」開催（2022年5～6月@東京・大阪）

全国でバレエレッスン・ワークショップ開催

吉本新喜劇・松浦景子座長公演開催（2022年7、12月）

完全プロデュースのレオタード第1弾が発売（現在は販売終了）

第2回単独ライブ「松浦景子のバレエ大大好き」開催（2023年3月@大阪。東京も開催予定）

どんだけビッグニュースだらけやねん！　って感じですが、細かく書いたら書き切れないほど、嬉しいニュースがたくさんあった2年間でした。

しかも、1冊目のときにバレエダンサーの上野《うえの》水香《みずか》さんが対談で「いつかコラボできたら」と言ってくださったのですが、その後、私のYouTubeチャンネルに本当に出演していただきました。

さらに、なんと同じ舞台で踊るという夢も実現！　今、思い出しても感動で泣きそうです。

このようにたくさんの機会をいただき、成長した私が満を持してお届けするのが本書です。

断言します。今回は、1冊目よりもパワーアップしています！

よりはっちゃけた内容で、バレエを知っているかたにもまだ知らないかたにも、思いっきり笑っていただけるネタが揃《そろ》っていると自負しています！　バッグにいつも忍ばせて、笑顔になりたいときに取り出してもらえたら嬉しいです♡

それでは、再び開幕です！

松浦景子

erformance

演目 Ballet P

ブックデザイン・ＤＴＰ　相原真理子
撮　影　小野友暉、玉井幹郎
ヘアメイク　松丸祥子、井口直子、木村三喜、鈴木麻衣子
構　成　富永明子（サーズデイ）
衣装協力　株式会社シルビア、株式会社アトリエヨシノ
取材協力　東京バレエ団、SHOKO the World of Art
編　集　廣瀬圭太

序幕 Prologue

人気キャラが大集合!

人物別 バレエあるあるを徹底解剖

キッズ

お団子の位置高い
不安 or
ふてくされた
表情
髪には
ワンポイント
先生、
なんで結婚
せえへんの？
首すわってない
体ぐにゃぐにゃ
スカート付き
レオタード
片足ちょん
サテンの
バレエシューズ

バレエを習い始めて間もないキッズ（5歳前後）は、関節が柔《やわ》らかいから基本、ぐにゃぐにゃのふにゃふにゃ。首も安定していないし、足の使い方もできていなくて内股です。親と離れることに慣れていないので、ソワソワして落ち着きがない子が多め。スカート付きのレオタードを着ることが多くて、いっつもスカートの裾《すそ》をいじっています。髪にはリボンなどのワンポイントあり。まだ人に気を遣《つか》えないから、先生にいらんひと言を言いがち（笑）。

上級者

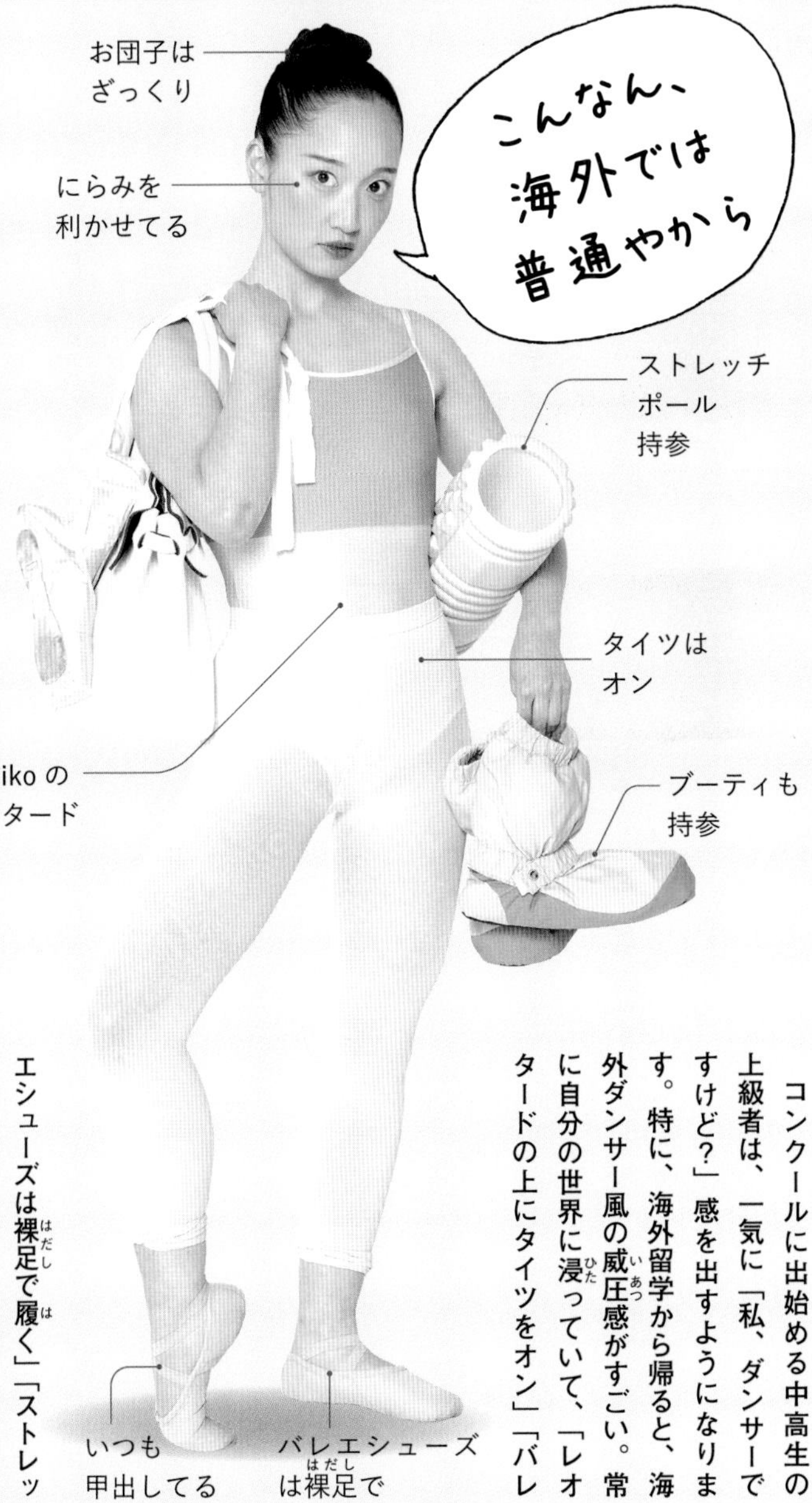
お団子は
ざっくり
にらみを
利かせてる
こんなん、
海外では
普通やから
ストレッチ
ポール
持参
タイツは
オン
Yumiko の
レオタード
ブーティも
持参
いつも
甲出してる
バレエシューズ
は裸足《はだし》で

コンクールに出始める中高生の上級者は、一気に「私、ダンサーですけど?」感を出すようになります。特に、海外留学から帰ると、海外ダンサー風の威圧《いあつ》感がすごい。常に自分の世界に浸《ひた》っていて、「レオタードの上にタイツをオン」「バレエシューズは裸足《はだし》で履《は》く」「ストレッチポール持参」など、海外のバレエ学校では普通だったと思われる装《よそお》いで登場します。周りから「それ何?」と聞かれても、「海外では普通やから」とそっけない返事が基本です。

大人マダム

髪の毛
乱れがち
羽織《はおり》モノ
大好き
二の腕は
出さない
ひじが落ちる
こんな感じで
ええかな？
合ってる？
紫色の
アイテム多め
柄《がら》モノ大好き
暑くても
レッグウォーマー
内股

大人からバレエを始めたマダムは超マジメ。たくさんバレエの本を読んで、映像も見て研究しているから、頭ではわかっているけど、やりたいことに体がついていかれへん。バレエの基本となる「ターンアウト」という足の使い方ができず、無意識に内股になってしまいがち。どんなにキレイに髪をまとめていても、どういうわけかレッスン後には、ウソみたいに髪が乱れています。お金に余裕があるのか、プロダンサーばりにウェアをたくさん持ってることも。

歌劇団受験生

髪はセンター分け
2点どり or リーゼント
よろしく
お願い
いたします！
目バキバキ
少しでも
なで肩に見えるように
首すじを張って
肩を下げてる
発声は「♪ラ」の音
松浦
胸元に
ネームタグ
5分または7分袖《そで》の
黒レオタード
超ハイレグ
手は足の
横につける
足の
角度は
45度

宝塚歌劇団を受験する生徒の髪は、きっちりセンター分け。5分または7分袖《そで》の黒レオタードをハイレグ気味に穿《は》いて、ひざをつけて足を45度くらいに開いて立つのが基本姿勢です。目をバキバキに開きすぎてて、笑顔はメッチャ怖い。いつも声が高くて、発声は「♪ラ」の音。そんな彼女たちは、宝塚のスターになる夢をかなえるために、1秒たりともムダにしたくありません。常に自分にだけ意識が向いていて、他人には興味なし。いつだって前向きです。

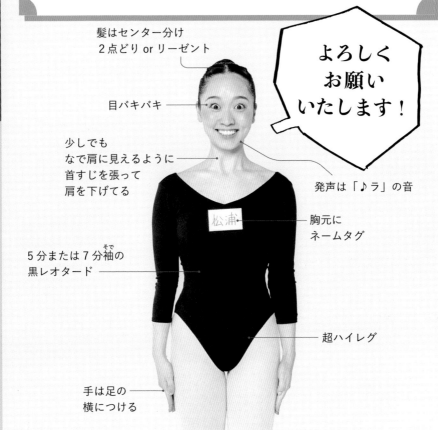

前の態度

レッスン前のキッズは元気いっぱい！　ぐにゃぐにゃの体勢で登場し、先生にもタメ口でご挨拶《あいさつ》です。いつもタオルとか水筒とかを入れたデカい巾着《きんちゃく》を持っています。一方、上級者のレッスン前は持ち物が多めで、やることも満載《まんさい》。お気に入りのバー（手すり）の足元に荷物をドサッと置いたら、ストレッチしたり、ポールでほぐしたり、筋トレしたりしながら、ドリンクを飲んだり、スマホ見たり、スタジオに入ってきた上級者っぽい子にガンを飛ばして

レッスン

マダム

受験生

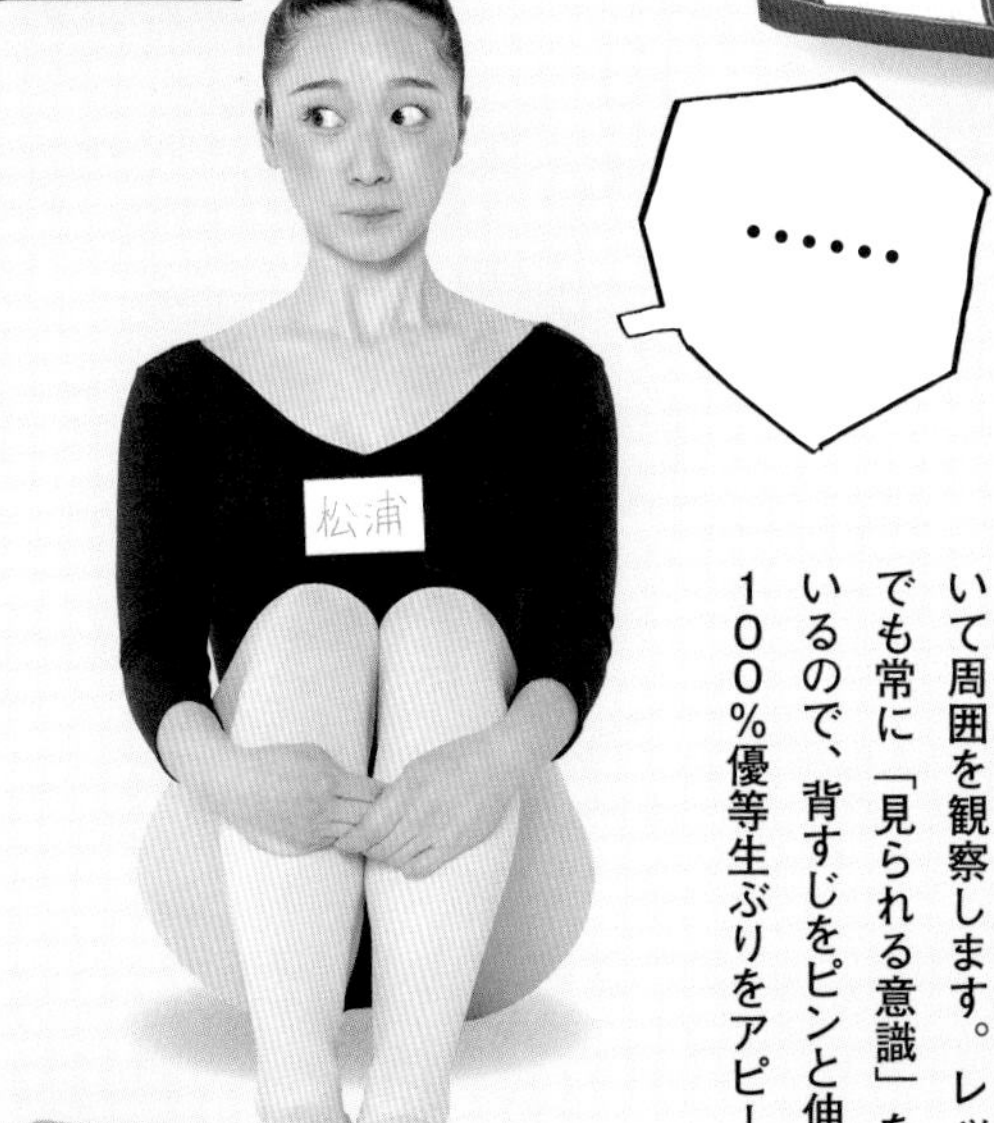

圧をかけたりと大忙しです。レッスン前のマダムたちは社交の場を満《まん》喫《きつ》。先生もその輪に加わるものだから、大人クラスはレッスン開始時刻を大幅にオーバーすることが多々あります。旅行帰りのマダムはお土産《みやげ》を買ってきて、みんなに配ってくれることも。歌劇団受験生はカチッと体育座りして、目をバキバキに見開いて周囲を観察します。レッスン前でも常に「見られる意識」を持っているので、背すじをピンと伸ばして、100%優等生ぶりをアピール!

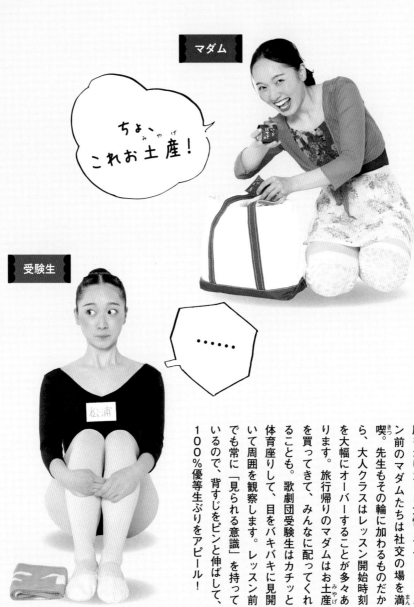

中の態度

上級者
今日、左足
調子悪いわ

え～
わからへん……
どないしよ
キッズ

レッスンが始まるとキッズは真顔になります。何をどうしたらいいかもわからなくて、ひたすらもじもじ。うまくできなくて怒られると、ムスッとしたり、中には泣いちゃったりする子も。一方、上級者は常に自分のコンディションと向き合っているので、先生が振付や注意点を話している最中もずっとストレッチして、今日の自分の状態を確認しています。「自分の状態は自分で管理する」というプロ意識が芽生《めば》えてきてるんです。マダムは、いつも先生の

レッスン

マダム
先生のお見本、
キレイやわぁ

見てます！
私、見てます！
受験生

美しいお手本にうっとり♡　たまにうっとりしすぎて、振付を忘れてしまうのが玉にキズ。あと、たまたまクラスに来たプロっぽい子が踊っているときも、後ろで見ながら小さく拍手しています。歌劇団受験生は足を45度くらいに開いて立ち、両手はお尻にピッタリとつけ、斜《なな》め45度の角度で先生の話を聞くのが基本。前のめりになることで「私、一生懸命《けんめい》なので先生に必死で食らいつきます」感をアピール。なんならバレエの子よりも姿勢がいいです。

リエのとき

※グラン・プリエ　ひざを垂直に曲げる動作

上級者
骨盤《こつばん》
ゆがんでない？
まっすぐ？

おてての先、
見ぃひんと！
キッズ

バレエのクラスは、バーと呼ばれる手すりにつかまり、プリエから始まります。そこで、ひざを90度に折り曲げる「グラン・プリエ」のときに各自のクセが出やすい！キッズは先生から「おてての先を見ようね」と言われたのを忠実に守りすぎて、手しか見てへん。お尻はひざと同じ高さまでが基本なのに、しゃがむことに必死すぎて、お尻が床につきそうなくらい下がっちゃううえに、かかと浮くのがメッチャ速い。上級者は基本をキッチリ守っているけど、「お

グラン・プ

指先見て、
かかと上げずに、
もっと深く……
マダム
ポキ
ポキ

私の世界、
気持ちいい
わぁ
受験生

なか、開いてない？」「骨盤《こつばん》、傾《かたむ》いてない？」と気になるところをチェックしながらやるので、どうしても真顔に。常に自分の体と向き合っています。大人から始めたマダムは股関節《こかんせつ》が硬《かた》いので下がり切れず、微妙な位置でのグラン・プリエになりがち。歌劇団受験生はバーレッスンの最初から、いきなり自分の世界に没入（笑）。気持ちが入りすぎて、お尻が出る「出っ尻」になります。レッスンまだあと一時間半ぐらいあるけど、そのテンションで大丈夫？

クのとき

※アラベスク　片足で立ち、もう片足を上げる技法

ちょっと
調子悪いし、
軽めに流しとこ
上級者

気分は
バレリーナ！
キッズ

「バレエと言えば？」と聞かれて、多くのかたが思い浮かべるのが「アラベスク」のポーズ。まっすぐに伸びた腕と足が美しいポーズですが、キレイに見せるのは意外と難しい。キッズはまだ体ができあがっていないので、おなかが真正面を向いたり、内股になったりしがち。アラベスクへの憧《あこが》れはあるものの「見よう見まね」という感じです。上級者はレッスン中、骨盤の位置やターンアウト（バレエ独特の足の使い方）の確認をするために、あえて力を抜いたア

アラベスク

マダム
指先を見て、
肩下げて、おなか
引っ込めて……

もっと高く！
もっともっと!!
松浦
受験生

ラベスク。でも「私、本気出せばこんなんやないから」感を出すのは忘れません！　一方、マダムのアラベスクは一生懸命で、指先や肩、おなかなど、細部まで気を遣っている様子は見えるけど、あちこち惜しい。ひざ、もっと伸ばそな～？　歌劇団受験生は典型的な「アラベゴン（ダメなアラベスク）」で、おなかがパッカーンと開いてしまっています。でも、足と手を高く上げることで目立つのが目的だから、本人的には全然ＯＫ!?

様子

レッスンが終わった帰り道にも、それぞれ個性があふれています。キッズは、レッスン中の緊張から解放された喜びの笑顔。レッスン中は無口だったけど、一気におしゃべりに。バレエタイツのまま帰るのもお約束です。上級者は、「お団子なんてオシャレじゃないから恥ずかしい」という気持ちから、何があっても絶対に髪をおろして帰ります。レッスンが終わればとっとと帰りたいので、身支度《じたく》も早い子が多め。一方、マダムは帰り際までレッスン仲

帰りの

今から
スーパー寄って
帰るわ!
マダム

ごきげんよう、
失礼いたします
受験生

間とおしゃべりタイムを満喫。「今年も発表会やるらしいよ?」「最近○○さん来ないよね」などの噂《うわさ》話に花を咲かせますが、スーパーで夕飯の食材を買う予定があるので、バイバイしたあとは驚くほどスピーディに去っていきます。歌劇団受験生は折り目正しく、いつどこで誰に会ってもいいような、キチンとスタイルが基本。決してスキは見せません! ちなみにこの写真の服装は、合格発表のときの娘役志望の子の装いを意識しました(笑)。

Ballet aruaru is starting!

生徒・先生・バレエママ編

1st act
バレエあるある

偉い先生が来た瞬間の切り替えがすごい

バレエ教室には年に数回、偉い先生が登場します。そんなときの生徒たちは、気に入られたい一心でソワソワ！　発表会の配役でいい役がもらえるかもしれないので、「いつもマジメにやってますよ～」という雰《ふん》囲《い》気《き》を出したくて、足をいつもより高く上げて、回転数も増し増しに。緊張感のおかげか、いつもよりうまくできることも多いんですよね。ただ、どういうわけか不得意分野のときに限って、先生が近づいてくるんですよ。こっち来んといて～！

レッスン中、誰がいちばん早く トゥシューズを履《は》けるか、無言の競争が始まるときある

別名「誰も得をしない、世界一ムダな競争」。特に履《は》き始めた小学生から中高生にかけて行われる競争で、トゥパッドの下に詰め物を入れたり、足指にテープを貼ったり、ジェルをかぶせたりと、たくさん仕込む子は時間がかかりがち。え、私？　負けず嫌いの私はもちろん、いちばんでした！　そのために、リボンをひと巻き分、短くしてましたもん。ちなみに、たまに「早く履くこともプロへの道」という先生もいるので、早く履けるに越したことはありません。

親から仕込まれてるのか、先生にやたらと媚《こ》びて、先生の前だけいい子になる人おる

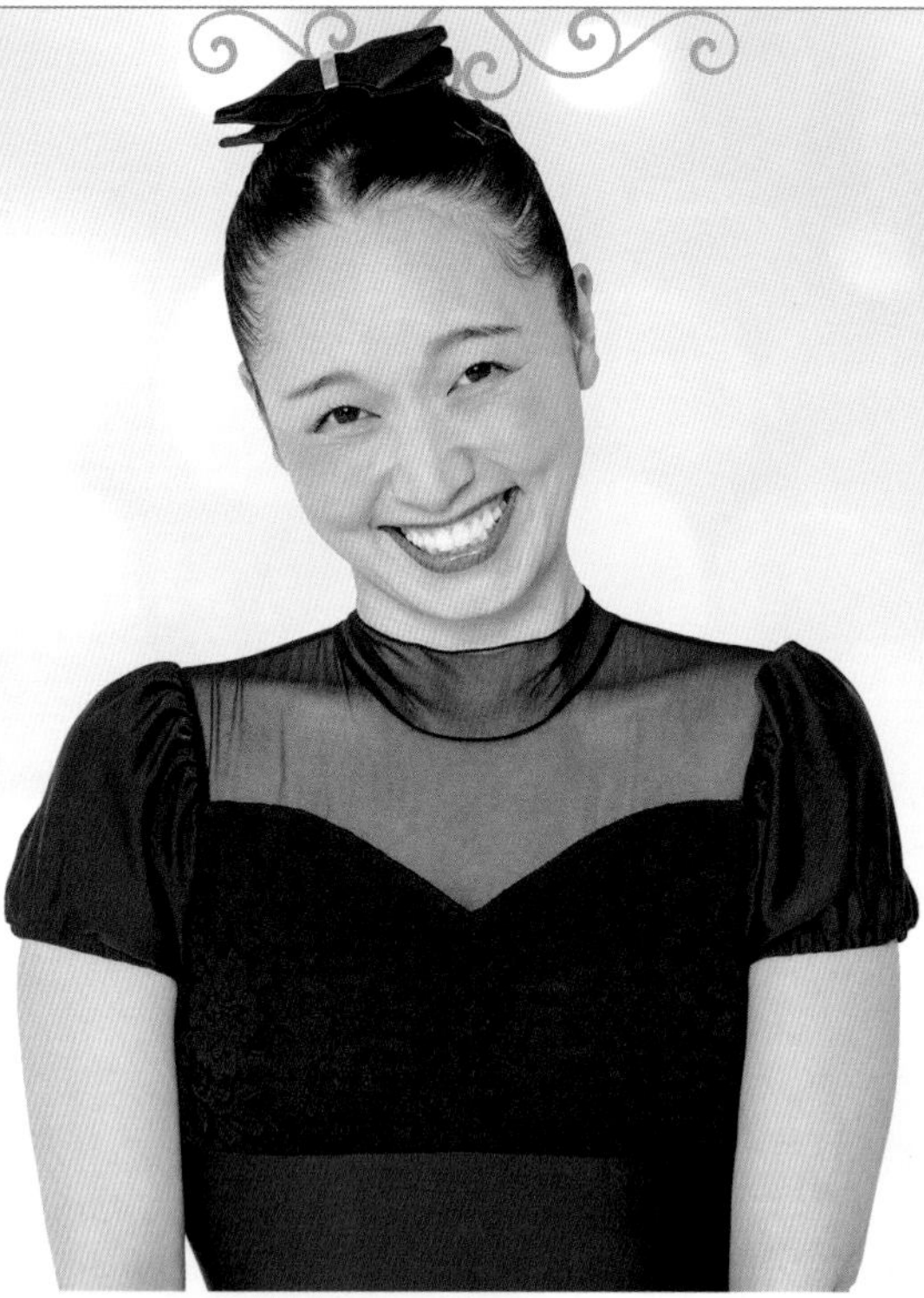

正直言うと、私自身、このタイプでした。子どもの頃は人見知りだったので、上手な子がいっぱいいる教室の中で先生の目を惹《ひ》くために、「とにかく前に出なさい」「やる気をアピールしなさい」「先生を質問攻めにしなさい」と母から言われていたんです。あとはお土産《みやげ》やプレゼントを渡すこともしましたね。似たタイプの子も多くて、確かに先生に気に入られますが、裏では完全に別人！　初めて「八方美人《はっぽうびじん》」という言葉を知りました。今考えると怖っ！

グラン・プリエで関節がポキポキ鳴って、涼しい顔してるけど狂うほど恥ずかしい

※グラン・プリエ　ひざを垂直に曲げる動作

パ・ド・ドゥで組んだ男性に本気で恋する思春期女子おる

※パ・ド・ドゥ　二人で踊ること

グラン・ワルツ終わった直後の ポール・ド・ブラ事故る

レッスンの最後は、大きなジャンプや回転を組み合わせた「グラン・ワルツ」で締《し》めるのがお約束です。ハードな動きを終えたら、体を整えるクール・ダウンの目的で、ポール・ド・ブラを行いながら前後左右に体を倒しますが、疲れているとグラグラに（笑）。大きなジャンプって疲れるんですよね～。さらに、回転でうっかり目が回ってしまうと、体を整えるどころか腕も足元も崩《くず》れまくって、「全然あかんやん……」と我に返ります。

※グラン・ワルツ　大きく跳ぶ動作を組み合わせたもの
※ポール・ド・ブラ　バレエで定められた腕の運び

特別ワークショップでプロバレリーナのレッスンを受けるとき、美しすぎて振付の順番が入ってこない

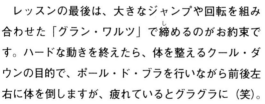

レッスンの振付決めてるとき、白目むく先生おる

レッスンのとき、先生は「アンシェヌマン」と呼ばれる振付を一生懸命《けんめい》に考えながら指導します（事前に考えておくこともありますが、つい忘れてしまうことも）。そんなときは音楽を聴きながら頭の片隅を探って考えるので、無意識のうちに白目に！　考えがまとまらずに白目をむき、ポカンと口を開けて時が止まっているときの先生の顔は、直視できません。大抵《たいてい》、あまりにも振付が思い浮かばないときは、「ちょっと練習しておいて」と言って逃げますね。

センターレッスンで進むとき、とにかくついてくる先生おる

センターレッスンで回転やジャンプのように前に進むステップのとき、「もっと先に進みなさい」とばかりに後ろから圧をかけてくる先生がいます。生徒を追い越すくらいのスピードで「もっと!」と叫びながらついてきて、ときには軽く押したり叩いたりすることも! これをやられると先生の勢いに踊りながら笑ってしまうし、そんな様子を見ているほうも笑えてきます。ちなみに、このタイプの先生は大抵、テンション高めですが、優しい人ですね。

ジャンプでもっと跳んでほしいとき、めちゃくちゃ生徒を持ち上げる

センターレッスンのジャンプで生徒が重く見えたとき、後ろから生徒を持ち上げてくれる先生もいます。踏み切って頂点に来るタイミングに合わせて持ち上げてくれるので、生徒は力を入れずにフワッと飛べて、感覚をつかみやすくなります。ただ、思いっきり持ち上げるのでレオタードはもちろん、中に履いているタイツやパンツもずり上がってハイレグ状態になることも。ちょっと恥ずかしいですが、これをしてくれる人も優しい先生だと思います。

衣装の採寸《さいすん》してるとき、周りに聞こえるぐらい大きい声でスリーサイズを発表する

発表会前にやってくるのが衣装の採寸《さいすん》タイム。先生が生徒のスリーサイズなどを測るんですが、それを読み上げる声がなぜかいつも大きい！　先生たちは慣れてる作業だから悪気はないんですけど、こっちはしんどい（涙）。しかもウエストをめちゃめちゃ締め上げて測って、暗に「本番までにここまで絞《しぼ》ってね」と言いたげな先生もおる。ちなみに私は、いちばん太った状態で採寸しておいて、本番までに絞るほうが心に余裕できるので好き（自分に優しく♡）。

生徒の新しいトゥシューズ、躊躇《ちゅうちょ》なく折り曲げる先生おる

新しいトゥシューズはとても硬《かた》いので、足に慣らすのに時間がかかるもの。そんなとき、踊りやすいようにと手でしならせてくれる先生がいますが、中にはやりすぎな先生も。バー（手すり）に引っ掛けてしならせたり、力を入れて折り曲げたりしたおかげで、もはや立てないほどグニャグニャになって戻ってきた経験あり……。私の場合、お気に入りはあえて先生の前で履かず、本番用に取っておきました。トゥシューズの運命が先生によって左右されるなんて嫌やもん！

自撮りを加工しすぎて SNSで別人の先生おる

kekke
投稿
Balletstudio_kumiko
1時間前
Yukari0725、その他が「いいね!」しました

kekke
投稿
Yuri_ballet_school
2時間前
Chizu_dancer、その他が「いいね!」しました

今どきのバレエの先生のSNSってホンマ、すごいことが多い（笑）。シワなし、肌は真っ白、白目も真っ白、バービーみたいな鼻、よすぎる歯並び、とがりまくったアゴと、加工が激しすぎて、本当に人間なのかも怪しい顔になった先生が大量にいます。小顔&細く見えるように修正するわりに、背景《はいけい》のことまで考えてないから、写り込んだものがゆがみまくっててカオス。一緒に写っているほかの人（生徒含む）のことは修正しないから、浮きまくりです！

先生あるある

バーレッスン、
注意することに必死すぎて左の存在を忘れがち

バーレッスンでは左右とも同じ振付で行いますが、右が終わったあと、左に移る前に先生がアドバイスしてくれることがあります。でも、たまにいるのが、アドバイスが長〜い先生。熱が入っている先生ほど解説が長くて、しゃべっている間に、もう左は終わった気になってしまい、左をやらずに次に進もうとしてしまうんですよね。実は私も、見事にこのタイプ。だからクラスを教えるときは、自分から「左やったっけ？」と聞くようにしています！

振付の説明を指で説明しすぎて、ほぼ魔法使い

指パッチンを駆使《くし》しすぎてる先生おる

悪い見本が大げさで悪すぎる

生徒からバレンタインチョコや
誕生日プレゼント、お土産をもらった日は、
先生の機嫌がめちゃくちゃいい

世界観が強すぎてアドバイスが
よくわからない
コンテンポラリーダンスの先生おる

何を指導していいかわからないため、
CD デッキの近くが定位置の新人助手

新人助手の先生は大抵、生徒上がり。ずっとバレエを習ってきて上級生になった頃、先生から「助手について」と言われたものの、何をしたらよいのかわからない……。先生から「注意していいからね」と言われても、生徒にグイグイとアドバイスするほどメンタルは強くない。そんな新人助手の定位置は、CDデッキのそば！　音量やピッチ（音の速さ）の調整ならやりやすいので、デッキをいじることがメインのお仕事に。あと、ムダに掃除もしますね。

新人助手、
大人クラスと仲良くなりがち

先生から放たれる、よく考えたら謎の一言あるある

空中で止まって、帰ってこないで
あんた下《げ》駄《た》履いてんの？

軸足を地面に突き刺す！
やや

バレエの先生は、インパクトのある表現をすることで、生徒に感覚的につかんでもらおうとしがち。高く跳んでほしいときは「空中で3秒待って」、つま先が伸びていないときは「下《げ》駄《た》履いてるみたい」、強い軸足で立ってほしいときは「足裏についた針を床に突き刺して」など、独特な表現があります。ちなみに、「やや」は「まだ伸びる、まだいける」との期待も込めた一声。海外帰りの先生は「ベター（better）」と言うこともありますね。

先生比較シリーズ

無理
しないでね~
キッズの先生

もう
バレエ
やめや！
上級者の先生

できて
ますよ~
大人バレエの先生

キッズの先生は可愛《かわい》い系。「よく頑張《がんば》ってるよ~」と、優しく生徒の背中を押します。でも、クラスが上がって上級者になると、先生はムチャクチャ厳しい。生徒を育てるために、「できないなら、ここにあなたの居場所はない」と、あえて厳しい言葉をぶつけます。一方、大人バレエの先生は気遣《きづか》い上手。キレイじゃなくても「キレイです」と褒《ほ》めたたえることで、バレエを続けてもらうように工夫します（大人の生徒さんは運営のためにも大切な存在です♡）。

先生比較シリーズ

元タカラジェンヌ

“今の失敗、お客様の前でもするの?”

ひざ!伸ばしなさい

昭和

元ジェンヌの先生は、基礎《きそ》の正確さよりも情熱やエネルギーが大切。生徒に、「今日できなかったことが、明日、お客様の前でできる?」「ここが受験の会場で、先生に見られていたらどうするの?」と、常に〝見られる意識〟を持つように指導します。ちなみに、昭和の先生は体を棒で叩くわ、足で蹴《け》るわ、ひざカックンしてくるわ、指導というよりもはや攻撃でした。昭和のスポ根漫画みたいな先生の言うこと、怖くてなんも頭に入らんわ!(注:昔の話です)

子どもに夢を託《たく》す系のギラギラママと、「いつでもやめていいよ」スタンスのゆる優しいママの2パターンおる

ギラギラママは大抵、「うちの子がいちばん」と思っているので、自分の子が主役に選ばれないと、「なんでうちが主役じゃないんですか！」と抗議したり、主役を奪った子&その親に厳しく接したりしがち。何かにつけて先生にお礼やプレゼント、お土産を渡すのもこのタイプのママです。

一方、優しいママはバレエにそんなに関心がないから、子どもに「いつでもやめていいよ」と言いますが、このママの子に限ってのびのび踊れるから、バレエはうまいんですよね～。

周りを取り仕切ってるベテランボスママ、新人ママを現場でさばきまくる

バレエ教室のＰＴＡにあたる「母の会」には、必ずベテランのボスママがいます。ママたちの中にも序列があって、ボスママに従って「私はあなたの右腕です」と言いたげなスネ夫的ポジションのママがいたり、発表会の本番しか来ないから所在なさげな新人ママがいたり。発表会が始まると、子分を従えたボスママが、新人ママをさばきまくる光景が見られます。でも不思議なことに、3年くらいすると、ボスママの子どもってバレエをやめてるんですよね（笑）。

バレエしたことないのに やたらとアドバイスしてくるママおる

発表会の裏で打ち合わせしまくる 緊張気味なママの大群おる

発表会ではママたちが大活躍！　受付の担当、チケットのもぎり、お花の管理、お弁当の手配と配布、衣装と小道具の管理と回収、終演後の楽屋《がくや》の掃除など、ママたちが走り回ります。そんなママたちにとっての大舞台は、発表会の最後、先生がたにお花を渡すシーン。舞台裏では「誰がどのタイミングで出て、誰にお花を渡して、いつ振り向いてハケるか」を、緊張した面《おも》持ちで練習しているママたちが見られます。私はその光景を見るのが大好きでした。

娘がコンクールで成績を残すと 「あたしのおかげや」、 娘が何かで失敗すると 「あんたの責任や」

先生へのお礼やお土産プレゼントを 娘に託す

幕間 *Intermission 1*

超貴重な写真で振り返る！

松浦景子の バレエヒストリー

3歳からバレエを始めて、出場したコンクールは数知れず……。

学生時代はバレエ一色、お笑い芸人になった今も、バレエの舞台に出演するチャンスをいただき、私の人生はバレエとは切っても切り離せません。

これまでのバレエ人生を貴重な写真で振り返ります♡

誕生～小学生時代

上はまだ1歳くらいの写真ですね。私の名前「景子」はお母さんがつけてくれました。左の写真はお姉ちゃんと一緒に。すでに宝塚ファンだったので、宝塚のチラシを持ってます。

幼稚園生にして発表会に
お遊戯《ゆうぎ》会にと、バレエ一色！

紫の衣装の写真は、4歳の初舞台のとき。当時はカルチャーセンターでバレエを習っている以外に、幼稚園のお遊戯会でも踊ってました。お遊戯会のレベルが高くて、当時から本気でした！

私がバレエを始めたのは3歳のとき。あと、幼稚園にバレエの部活みたいなものがあって、そこでも踊ってました。5歳には、お遊戯《ゆうぎ》会で先生から「ひとりで踊って」と言われて、ヴァリエーション（ソロの踊り）デビュー！　周りの子のママたちに「なんであの子だけ」ってひそひそ言われて、5歳にして「なにくそ精神」が鍛《きた》えられました（笑）。あと、当時からすでに宝塚ファンで、上にあるお姉ちゃんとふたりの写真ではシャンシャンを持っています。コンクールに出るようになったのは8歳からで、10歳には教室の発表会で真ん中（主役）を踊ってました。

すでに「バレエ大好き」ポーズをしている私（笑）。下の写真は10歳くらいで『リーズの結婚』のヴァリエーションをコンクールで踊ったときのもの。負けず嫌いでしたね〜！

8歳でコンクールデビュー！
「負けたくない精神」の塊《かたまり》でした

中学生～高校生時代

バレエが好きじゃなくなって
つらいときもありました……

上の写真は中学２年生のとき、私の原点とも言える『アレルキナーダ』のヴァリエーションを踊ったときのもの。これがずっと踊りたくて先生を説得して、これでもかと練習しました。

中学生になると年に10回くらい、コンクールに出てました。当時は人を蹴《け》落とすことばかり考えていて、性格が悪かったですね。反抗期でなんでも人にせいにして、基礎《きそ》ができてないのに「私がいちばんうまい」と思い込んでる、アカンやつでした（笑）。バレエが嫌でたまらなかった高校１年生の頃、ケガで一度、バレエをやめたんです。でも、そのおかげで基礎の大切さを思い知って、体の使い方を見直せました。そのあと、高校２年生のときに大好きな『アレルキナーダ』のパ・ド・ドゥ（二人で踊ること）を踊らせてもらい、バレエが好きな気持ちを取り戻せました！

高校時代、私たちの学年はダンスに命かけてて、体育祭で優勝しまくりました。お笑いも盛《さか》んな学年で、卒業パーティではCOWCOW《カウカウ》さんを完コピ！　今でも同級生たちとは仲良しです♡

中高生のときは友達との時間も満喫《まんきつ》してました！

大学生～現在

大学の授業・吉本での研修・アルバイトで大忙しでした

すべて大学1年生のときに踊った作品です。『タランテラ』（写真下）は幼馴染《おさななじみ》の磯見《いそみ》 源《げん》ちゃんと踊ったもの。彼は今、振付家・コンテンポラリーダンサーとして活躍してます！

お笑いが大好きだった父が他界して一週間後、私は「好きなことをしよう」と吉本新喜劇のオーディションを受けて合格し、大学の授業・吉本での研修・アルバイトと大忙しに。芸人として爪痕《つめあと》を残さなあかんと思って出たのが、「座間《ざま》全国舞踊コンクール」です。実はその日、朝寝坊して遅刻して、場当たり（立ち位置などを確認すること）の時間に到着したんです。バーレッスンもできず、3分でメイクして「コケへんやったら御《おん》の字」と思って出たら、結果はまさかの1位！　肩の力が抜けていたのがよかったみたいです。このおかげで「バレリーナ芸人」としての方向性が決まりました。

芸人になってから日本一を獲得！
これからも「バレエ大好き♡」

右上がコンクールで１位を取ったときの写真。下の『リーズの結婚』は、昔から通っていた教室の発表会にゲスト出演したときのもの。まさか芸人になってからバレエで主役を踊るとは！　死ぬ気で頑《がん》張《ば》りました。

発表会・コンクール編

2nd act

バレエあるある

ライオンキングぐらい鼻立ての存在感ある人おる

舞台のバレエメイクは遠い客席から見てもハッキリわかるように、独特なルールがあります。ただ、塗《ぬ》り方や描き方が細かく決まっているわけではないので、バレエ団や教室、先生によって微妙に変わります。特に違いが出るのは、鼻を高く見せるための鼻立て（ノーズシャドウ）の濃さ。コンクールに行くと、先生の方針でやたら鼻立てが濃い生徒ばかりいる教室があることも。なかでも、バブル期を経験した先生のメイクは濃くなりがち（偏見《へんけん》です）。

左右非対称すぎるメイクの子おる

舞台メイクは独特で難しいので、小さいうちは先生や親にやってもらいますが、中学生くらいになると自分だけでメイクするようになります。慣れないうちは、どうしても仕上がりにムラがあって、特に利き手側じゃないほうのメイクはガタガタになりやすく、左右が非対称に！　私がやっているコツは、苦手な側から先に作ること。難しいダブルラインはすぐにペンを入れずに、アイシャドウで形を作ってからその上をなぞると、うまくいきますよ♡

生徒にメイクするとき
完全に震える新人講師おる

発表会で先生が生徒にメイクをするとき、人にメイクをし慣れていない新人講師はビビりまくります。小さい子相手にはもちろんのこと、目上の人にメイクするときの緊張感といったらもう！　躊躇《ちゅうちょ》しまくって全体的に小ぶりなメイクになるので、新人講師が担当したメイクはすぐバレて、ベテランの先生に直されるのがオチ。私もずいぶんやりましたが、人の顔だと思わず、キャンバスだと思って勢いよくやるほうがうまくいきます。慣れも大事やで～。

生徒に舞台メイクするとき、めちゃくちゃ足広げる先生おる

少しでも生徒の顔の近くでメイクしたいから、思いっきり足を広げて、生徒のひざを足の間に入れて引き寄せる先生がいます。先生もダンサーだから、足開いているほうが楽だし、安定感があるんですよね。その体勢で、生徒の頭を上からガシッと押さえてメイクします。生徒にとっては過去イチ、先生との距離が近くなる瞬間！　近すぎていつ呼吸したらいいかわからなくなることも。あと、「先生ってこんなにおいするんや〜」と、つい嗅《か》いじゃいます（笑）。

関東・関西・九州によって舞台メイクの質が違う

関東

関西

コンクールに行って驚くのが、地域ごとの舞台メイクの違いです。最近、プロダンサーの間で「普段メイクちゃうん？」ってぐらい薄めが主流なこともあり、関東の子たちのメイクは年々ナチュラルに。舞台専用のメイク道具をほぼ使わない子もいます。ダブルラインを描かな

九州

い子もいて、ちょっと寂《さみ》しい。一方、関西は一気に濃くなり、おでこからもみあげまで髪の毛を描くのはお約束。目元にはブルーとピンクのアイシャドウを入れて奥行きを出し、ダブルラインも真っ黒のアイライナーでバッチリ引きます。つけまつげもバサバサに（ダブルでつける場合も）！ さらに、同じ西方面でも、九州は濃さが倍増！目頭と目尻に真っ赤と白のラインをオン。ダブルラインはより濃く、下まつげまで描いて目元を強調。衣装も独特で、なぜか一時、九州の生徒さんの間で長袖《そで》の衣装が流行ってました。あと、ティアラも重ね付けが基本！ 成人式が派手なように、舞台メイクも根っこに派手さがあって楽しいです♡（何度も言いますけど、偏見ですよ！）

たまに妖怪歯紅《はべに》女おる

舞台メイクの口紅は真っ赤なことが多いので、塗り慣れていないと塗りすぎて、いつの間にか全部の歯に口紅がついている子がよくいます。お歯黒《はぐろ》ならぬ、お歯赤《はあか》。本人は絶対に気づけないので、周りに言われて初めて気づきますが、そのまま舞台に出てしまうと悲惨《ひさん》なことに……。まるで人を襲ったあとの妖怪みたいに、血まみれの口元で踊るハメになります。舞台に出る前、口を閉じた状態で歯をひと舐めするクセをつけておくといいですよ。

ちょっとでも点数を稼ごうと舞台袖で最初の第一歩から気合を入れる

音先《おとさき》（先に音楽がかかってから出ること）の踊りでは、「私、こんなキレイな足してますよ」と見せつけるために、最初の一歩の足先に気合入れまくるダンサーがよくいます。舞台袖にしがみついて、足先に力を入れまくって足を出すダンサーも！「ホンマに足だけやな」って子も多い印象です。足を見せつける系の子は、『パキータ』のエトワールのヴァリエーション（ソロの踊り）を踊りがちで、止まってるとキレイだけど、踊りは少し薄いのが玉にキズ、ですね。

舞台稽古《げいこ》のとき、
マイクを使って生徒の名前を響《ひび》かせる

舞台上で本番同様にリハーサルをするとき、先生は大抵《たいてい》、客席のど真ん中でマイクを使い、生徒に指示を出します。すでに客席にはいろんな人が出入りしているのに、普段通りの強烈《きょうれつ》な暴言、いや、指導の声が響《ひび》き渡ります。モニターが設置されている全部の楽屋《がくや》やロビーに自分の名前と怒号《どごう》が伝わるので、緊張感がすごい！　逆に、小声で「ま、いいんじゃない」と言われたら、それはあきらめられてるサインなので、それも怖いんですけどね。

先生に舞台メイクしてもらうとき、
頭をガッチリ押さえられすぎて
身動き取れない

「無事に発表会終わりました」のSNS投稿、
もらった差し入れを並べがち

本番終わった後は
普段メイクの濃さバグる

お風呂に入る前のバレエシニヨンの呪縛《じゅばく》から溶ける瞬間、天国すぎる

※シニヨン　束ねた髪を後頭部でお団子状にまとめた髪型

「今出てくんのかい！」とシャワー中に気づくヘアピンの存在

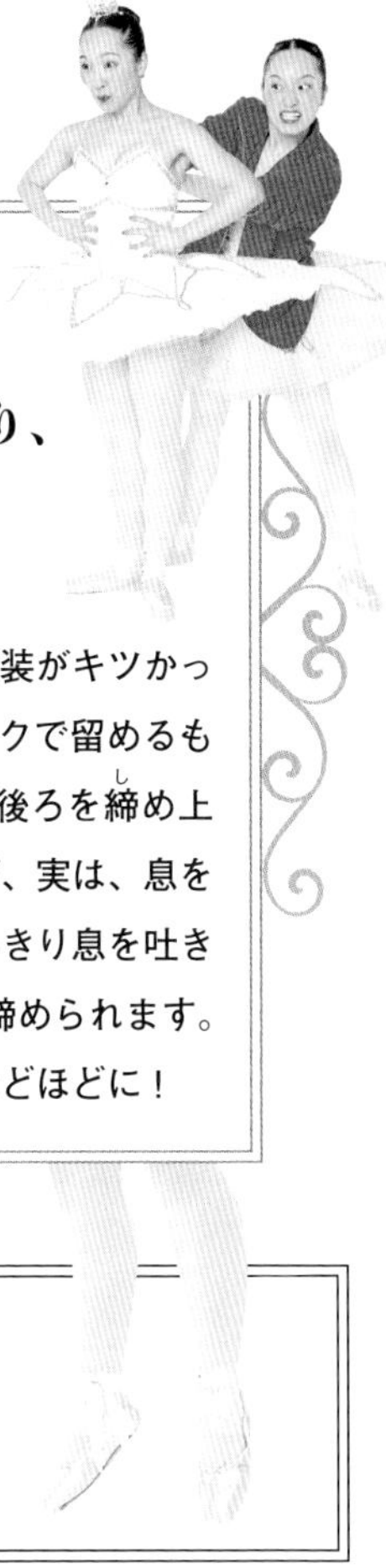

衣装のホックを止めてもらうとき、サイズがギリギリなのを自覚してる場合は留める人と連携《れんけい》を取り、もはや「息は吐く」という技を身につけている

　このネタに「あるある～」と頷《うなず》いた人はたぶん、衣装がキツかった経験がある人（笑)。バレエの衣装は背中側をホックで留めるものが多いのですが、衣装の生地は伸びにくいので、後ろを締《し》め上げて留めます。そのとき、息を吸う人が多いのですが、実は、息を吸うと肋骨《ろっこつ》が広がるから、逆にキツくなる！　思いっきり息を吐き切ったほうが背中にすき間ができて、細いところで締められます。ただ、あまりに苦しいと舞台で全然踊れないから、ほどほどに！

シューズのリボンが高確率で出てるキッズ(年齢不詳)おる

誘惑する気ない関東出身の黒鳥と、王子を食べてしまいそうなもはやカラスの関西出身の黒鳥

『白鳥の湖』の黒鳥（オディール）は王子を誘惑する役なので、強くて妖艶《ようえん》なキャラクター。でも、発表会やコンクールでは妖艶な役に慣れていない子どもたちが踊るので、極端になりがち。関東勢は「私、キレイでしょ」が勝ちすぎて、王子のことが全然見えていない高飛車《たかびしゃ》黒鳥が多め。一方、関西勢は強い女になろうと頑張《がんば》るあまり、羽根を表現する手がバサバサでカラス、いや、もはやタカみたいになりがち。役の設定を忘れたらアカンよ～！

終盤に疲れが出すぎてる『白鳥の湖』の四羽の白鳥

『白鳥の湖』第2幕に登場する四羽の白鳥は、音は速めなのに足元は細かく、小さなジャンプの多い振付なので、見た目の可愛さに反して、めちゃくちゃキツい踊りです。手をつないでいるせいで、ひとりが疲れて遅れると、全員がそれに流されて脱落。特に端《はし》のふたりは3人を引っ張らないといけないので、体力的にも大変！ うっかり手が離れると大惨事《さんじ》に……。終盤はヘロヘロになるので、事前に「足を蹴《け》っても踏んでも、謝るのはやめようね」と話し合っておくことをお勧めします。

村のみんなに祝福されてるシーンとは思えない関東出身ジゼル

『ジゼル』のヒロインは、第1幕では村のアイドルという役どころ。病弱で可憐《かれん》なキャラクターなので、か弱さを表現しようとするあまり、「どこが村のアイドルやねん」と突っ込みたくなるほど、弱々しいジゼルがたまにいます。特にコンクールで関東のダンサーが踊ると、役よりもテクニックを重視するので、ほぼ表情がなく、技術のうまさばかりになる子が多いですね。ヒロイン感は皆無《かいむ》ですが、このヴァリエーションを踊る子はうまい子が多めです。

このあと、まさか死ぬシーンが来るとは思えない、もはや喜劇のヒロインの関西出身ジゼル

一方、このヴァリエーションを関西出身のダンサーが踊るとどうなるか……もうおわかりですね（笑）。関西の子は何がなんでも爪痕《つめあと》を残そうとするので、病弱な設定はそっちのけ。「私はディズニープリンセス」とばかりに、村のアイドルになり切って、ジゼルらしさを全力で表現します。海外のダンサーはこのタイプがけっこう多くて、このほうがジゼルが裏切られたあとの表現とメリハリがつくので、全幕で考えるとバランスがいいこともあります。

加速しすぎて最後のポーズが止まらない『チャイコフスキー・パ・ド・ドゥ』の女性ヴァリエーション

『チャイコフスキー・パ・ド・ドゥ』の女性ダンサーが踊るヴァリエーションは、最後の高速回転技が見どころのひとつです。音のスピードも速く、最初から細かく動きまくり、回転しまくりで疲れ切ったところで、最後はピタッと止まらないといけないので、とんでもなく強い脚力と忍耐《にんたい》力が必要な踊りとなります。舞台上はスタジオと違って空間が広く、強いライトにも照らされるので、加速しすぎて止まれなくなるダンサーがめっちゃおるんです！

もはやオバケになってしまっている『ラ・バヤデール』影の王国のソリスト

『ラ・バヤデール』の第3幕は「影の王国」と呼ばれ、おおぜいの精霊《せいれい》たちが姿を現して踊ります。その振付の中に、両手を前に出した状態で前に向かってパ・ド・ブレ（両足を細かく踏みながら移動するステップ）があるのですが、足はキレイなのに手がだらんと垂れて、精霊というよりオバケになっているダンサーがいると笑ってしまいます。上手な人ほど、手がオバケだと面白いんです。ちなみに、この手を見てオバケって思うのは、日本人だけやろなあ。

発表会・コンクールあるある

真ん中でメインが踊っているとき、
周りのコール・ドや街の娘たち、
普通に声を出して日常会話してる

ダンサーはバレエの舞台上で、意外なほどよくしゃべっています。特にコール・ド・バレエ（群舞《ぐんぶ》）のダンサーは見ているだけのシーンも多いから、練習のときも本番中もよくしゃべる。「今日、何食べる？」「最近、彼氏とどう？」みたいな、全然関係ない話もあれば、もうすぐ出番のときは「そろそろだわ」「いってらっしゃい」、誰かが失敗したときは「頑張れ〜！」などの会話が多めです。舞台を観に行ったら、ぜひオペラグラスで口元を見てみてな〜！

真ん中でメインが大技をするとき、
周りのコール・ドや街の娘たちは
急にシーンとなって、息を飲んで応援する

街を徘徊《はいかい》してる
タリスマンおる

出てきたときは100点なのに、
動き出したら0点のガタガタなライモンダおる

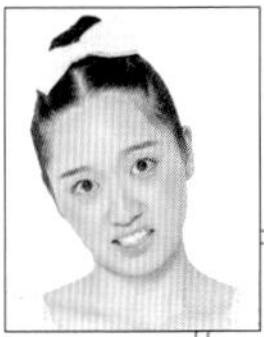

プログラムに載《の》る写真を撮るとき、ぎこちなさすぎるキッズおる

コンクール会場でいろんなアイテムを持ってウロウロするドヤ顔の出場者おる

踊ってるとき、感情込めすぎてしゃべっているように見える天才小学生おる

表彰式で自分以外はマジで興味なさすぎて、シンバル叩くオモチャの猿みたいになる

コンクールに出場している子のほとんどが、プライドの塊《かたまり》。表彰式で早めに呼ばれた下位のダンサーは、以降のダンサーが表彰されるのを「こいつが上かよ」と思いながら見ているので、一応拍手はするけど、世界一やる気のない拍手になりがち。死人の目で適当にバチバチ手を叩くさまは、まるでオモチャの猿みたい。ちなみに、上手な子に限って中身もいい子が多くて、どんな相手にもニコニコしながらちゃんと拍手してるから、器デカッ！　と思いますね。

舞台で輝く娘を見て
号泣するママと冷めてる娘

ギラギラのママたちにとって娘がいちばんなので、発表会などの舞台で娘が輝く姿を見ると号泣。ハンカチ必携《ひっけい》です。娘が主役だろうが、ソリスト（ソロを踊るダンサー）だろうが、コール・ド・バレエだろうが、舞台に出ているだけでこれまでの努力と苦労が思い出されて、号泣します。一方、娘は無関心。涙する母を見ながら「なんで泣いてんの？」とふてくされてる娘もよく見かけます。ちなみに、コンクールだと娘のほうが泣いてママが冷静、と逆転バージョンがよくあります。

コンクールの客席、いろんな人がおる

コンクールの客席は人間観察に最適な場！ ただ者ではなさそうなバレエ少女が、真剣にメモを取りながら熱心に見ているなか、さっきまで出場していた疲れが出て爆睡しちゃってる子もおる。バレエママは客席に出入りするタイミングをミスりがちなうえ、荷物が多いので、ほかのお客さんの邪魔《じゃま》になります。あと、偵察《ていさつ》に来たのか、ダンサー的な雰囲気《ふんいき》がバリバリ出ているスーツ姿の男性も。もしや、うまい子が出てきたらプログラムを見て引き抜こうと？

知られざる素顔が今、
明かされる!

46 Questions

松浦景子への46の質問

炎上・悪口に負けない「鋼《はがね》のメンタル」の持ち主・松浦景子です（笑）。
「なんで芸人になったの?」「ダイエットの乗り越え方は?」
「舞台での緊張、どうしたらいい?」「悪口を言ってくる人との付き合い方は?」など、
みんなが気になる46の質問に答えてみました♡

今の自分のこと

Q 自分の好きな・嫌いなところはなんですか?

A 好きなところは、人に対しても自分に対しても正直で素直なところ。あと、隠れ几《き》帳面《ちょうめん》なところ。嫌いなところは、素直すぎる、こだわりがありすぎる、マイナス思考なのに気が強い、対人恐怖症なところです。

Q 休みの日は何をしていますか?

A 宝塚歌劇団や大衆演劇、アイドルなどを観まくって癒《いや》されたり、友達と遊んだりしますが、結局、なにかしら仕事をしてしまいます。「もう無理!」ってときは**丸一日、爆睡**します。

Q よく出没する場所はどこですか?

A どこでもいます! 大阪では難波《なんば》・心斎橋《しんさいばし》・梅田《うめだ》、東京では新宿《しんじゅく》・渋谷《しぶや》などなど。

Q 好きなバレエダンサーは?

A 森下洋子《もりしたようこ》さん、ナタリア・オシポワさん、吉《よし》田《だ》 都《みやこ》さん、熊川哲也《くまかわてつや》さん、スヴェトラーナ・ザハーロワさん、上野水香《うえのみずか》さん、中村祥子《なかむらしょうこ》さん、米《よね》沢《ざわ》 唯《ゆい》さん、飯島望未《いいじまのぞみ》さん、ダニール・シムキンさん、菅井円加《すがいまどか》さん、永久《ながひさ》メイさん、大谷遥陽《おおたにはるひ》さんなど。まだたくさんいますが選び切れません……。

Q 尊敬する人は誰ですか?

A 愛沢《あいざわ》えみりさん。あとは吉本の全先輩芸人です。

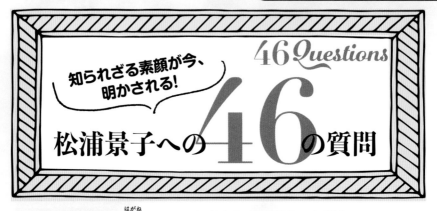

Q 普段、どんな私服を着ていますか？

A 基本的に可愛《かわい》い、フェミニンなお嬢様系です♡　でもそれは、いつ、なんの撮影があってもよいように用意している表向きの私服。ガチの普段着は真っ黒で、**キャバ嬢の私服みたいなテイスト**です（笑）。絶対誰にも気づかれないと思います。

Q 座右《ざゆう》の銘《めい》（好きな言葉）はありますか？

A 日進月歩《にっしんげっぽ》

Q 好きな本はありますか？

A 自己啓発《けいはつ》本をよく読みます。

Q 松浦さんにとって癒し・心の支えになっている存在はありますか？

A ピンク色のものと、
応援してくださるファンの皆様♡

Q 好きな映画はありますか？

A インド映画の**『P・K』**、チャップリンの**『モダン・タイムス』**、キングコング・西野亮廣《にしのあきひろ》さんの**『えんとつ町のプペル』**、ホアキン・フェニックス主演版の**『ジョーカー』**。

Q ストレス解消法はなんですか？

A 気が狂うまで食べる。気が狂うまで寝る。気が狂うまで友達と遊ぶ！

子どもの頃のこと

Q 将来なりたかった職業はなんですか？

A 小学6年生の頃に、バレリーナになるには自分の体格・骨格・体型が見合ってないことに気づいてしまったので、バレエと同じくらい大好きだった**お笑いの仕事に就きたい**と思ってました。一瞬、宝塚歌劇団に入ってタカラジェンヌになることへの憧《あこが》れを抱いたときもありましたが、それも身長が足りず即断念しました。芸能界への興味はずっとあったので、小さい頃はよく一人インタビューごっこをしていましたね。

Q 自称・ヤンキーだったそうですが、その時代はどんな生活でしたか？

A **自分の欲にまみれて生きてました。**全方位に反抗しすぎてたので反省してます。ある意味、楽しかったですけど♪

Q 小さい頃はどんな子でしたか？

A 幼稚園や小学校のときの先生がたからは、「とにかく大人しかった」と言われます。中学生くらいから一気に殻《から》を破って、本性を現した感じです。

Q バレエ以外の習い事は何をしていましたか?

A ピアノ、声楽、ボイストレーニング、ジャズダンス、あとは塾ですね。ピアノを始めた頃は、先生や周りの人に「才能がある!」と言われて**飛び級**までしていたのですが、ピアノに向かってコツコツ練習するのが無理すぎて、ピアノからは遠のいてしまいました。大学に入ってからは、日本舞踊《ぶよう》やロックダンス、HIPHOP などもやっていました。

Q どんなアルバイトをやってきましたか?

A 高校生のころから**マクドナルド**でアルバイトをしていました。関西のテレビ局・毎日放送（MBS）前の梅《うめ》田《だ》茶《ちゃ》屋《や》町《まち》店の看板娘でした。ほかにもいろんな仕事を経てから吉本興業に入ったのですが、経験しておいてよかったです。

芸人のこと

Q 芸人になったきっかけは?

A 父親の影響で毎週お笑いの劇場に通うほど、お笑いが大好きな家族のもとで育ちました。バレエ一筋の毎日なのに、バレリーナになりたいとは思っていなくて、将来のことで悩んでいたころに父親が余命宣告されました。

父は、病気になってからお笑いを見たがらなくなったのですが、ある日、録画していた吉本新喜劇を見せたら、泣きながら笑ってくれたんです。父が亡くなってからもその光景が忘れられなくて、「**本当にやりたいお笑いをしよう!**」と思った矢先、母親が「吉本新喜劇のオーディションがあるから、受けてみれば?」と言ってくれたのがすべての始まりです。それは父の死からわずか一週間後の出来事で、人生が 180 度変わった瞬間でした※。

Q あるあるネタは、どこで考えたり思いついたりするんですか?

A 小さい頃から日常生活やバレエでの**「あるある」の原点みたいなものがよく浮かんで**いて（イジリも込みで）、それを組み合わせている感じです。今でもパッと頭に浮かんだり見つかったり、あとはいろんな人から情報をもらって作ったりしています。

※詳細は『松浦景子のバレエあるある』（マキノ出版）参照

Q バレエとお笑いを融合《ゆうごう》させようと思ったのはなぜですか?

A バレエ界に反感を買いそうだなと思って、初めは融合させるつもりはなかったのですが、怪獣猛《もう》獣だらけの**芸人界で生き残るためにはバレエを使うしかなく**……気づいたらバレエネタをしていました。でも、バレエをネタにするならバレエ界の玄人《くろうと》たちに認められなければ! と思い、まず YouTube で「あるある」を配信して知ってもらうことで、バレエ界に「あの人はちゃんとやってる人だから OK」とある程度納得してもらえるように計画しました。

Q 吉本新喜劇に入って変わったことは？

A 食生活と上下関係と睡眠時間。食生活は吉本のルール上、先輩が後輩にごちそうする決まりがあるので、一緒に過ごす限り、嫌でも一日５食ほどガッツリ食べないといけないんです。しかも、先輩より早く食べ終わらないといけなかったり、苦しくてもニコニコしながら「ごちそう様です！」と言ったりするような世界なので、バレエ漬けの毎日から切り替わったときは、胃袋が爆発してました。そして縦社会・村社会なので、上下関係にはとにかくとにかく厳しいです！
睡眠時間に関しては、毎日・毎分・毎秒、競争社会なので、寝る間がないほど仕事をします。**4時間眠れたらいいほう**です。

Q バレエでお笑いをすることにさまざまな声もあったかと思いますが、どんな気持ちで乗り越えてきたのでしょうか？

A 何事も第一人者は叩かれるのが当然なので**「しめしめ」**と思っていました。

食事・ダイエットのこと

Q 好きな食べ物はなんですか？

A **白ごはん！** 小さな頃からバレエの英才教育のために、母親から炭水化物の完全禁止生活を強いられていました※。もちろん、家には炊飯器もなかったので、自由に食べられる今、白ごはんのありがたみを、普通の人の何億倍も感じます。白ごはん以外にも、麺類やパンなどを食べるときも、人一倍、幸せを噛《か》みしめながらいただいています。

Q 普段の食生活で意識していることはなんですか？

A バレエの舞台本番前は食べすぎないよう心がけますが、それ以外は基本食べることが大好きなので、ひたすら食べます。**食べること大好き♡**

※詳細は『松浦景子のバレエあるある』（マキノ出版）参照

Q けっけちゃんでも思春期のときは太りやすかったりしましたか？

A 今も太りやすいですが、**思春期は特に太りやすかったです。**水を飲んだだけでも、空気を吸っただけでも、なぜか体重は増え続けてました。

Q バレエダンサーになるには、やっぱりやせていないとダメですか？

A そんなことありません！ 体型・体質は人それぞれなので、結局、バレエで大事なのは**見た目よりも基礎《きそ》・中身・技術**だと思います。あと、真剣にレッスンに向き合っていれば、そもそも激太りすることはないと思います。

Q ダイエットがつらいとき、どうやって乗り越えますか？ また、どうしてもカロリーが高いもの（甘い物や揚げ物）が食べたいとき、どうやって我慢すればいいですか？

A 今だと「太ってる」「デブ」っていうアンチコメントがたくさん来ることを想像することですかね（笑）。あとは、とにかく運動量を増やすことです。食べる量を減らすより、動く量を増やすほうが絶対効果的です！ どうしてもカロリーの高い物を食べたくなったら、食べてその２億倍動きます。

バレエのこと

Q 舞台の本番など、緊張するとき、どんなことを心がけていますか？

A **「緊張してる自分最高！ 今と向き合ってる証拠やん！ ここまで来た自分偉すぎ！」**って自分に言い聞かせます。

Q 自分の踊りの好きなところ、得意なところを教えてください

A **表現力**。もはや踊りではない（笑）。「ちゃんとバレエを踊りなさい」と、よく先生にも怒られてました。

Q 回転が苦手です。コツを教えてください！

A 軸足にしっかり乗って、とにかくルティレ（片足のひざを曲げて、つま先をもう一方の足のひざにつけたポジション）でバランスを取る。あとは首をしっかりつけることです。

Q 好きな演目はなんですか？

A 全幕では『ジゼル』や『くるみ割り人形』など、ドラマ性が強い作品が好きです。ヴァリエーションは『アレルキナーダ』のコロンビーヌや『フェアリードール』など、ひたすら可愛い系推しです。

Q 普段のレッスンで心掛けているところ、気をつけているところを教えてください

A **昨日より今日、今日より明日。自分の好きな自分でいること。**

Q バレエを一時中断した理由はなんですか? また、再開したきっかけはなんですか?

A 高校生のときにケガをして中断しました。長い期間休んでいたのですが、そのときにバレエ以外のものとたくさん触れ合い、いろいろなことを吸収できたので、とてもよい時期でした。当時はバレエが大嫌いでしたが、外の世界を見ることによって違う側面から見たバレエのよさに気づき、新たな気持ちでバレエと向き合って再開できました。

Q 子どもの頃、週何回レッスンしていましたか? 今はどのくらい通っていますか?

A コンクールに出まくってたころは毎日でした！　今は仕事の合間を縫《ぬ》わないとレッスンできないので、丸 1 カ月間、全く踊れないときもあれば、バレエの舞台が控えているときは、仕事終わりの深夜 23 時から早朝にかけて数時間、頑張《がんば》ることもあります。なのでブランクがある人の気持ち、めちゃくちゃわかります！

Q 大人からバレエを始めました。大人でも素敵に見せるには、どんなところに気をつければいいですか?

A ほかの人と比べないこと。「バレエを踊っている自分最高」「バレエを踊れている空間が素敵」と、純粋な気持ちが大事です。**その自信は絶対に、踊りにも出ます！** 忘れかけていた子どもの頃のような純粋な気持ちを、バレエで取り戻せたらなお最高です。

人間関係のこと

Q 周囲から「先生に贔屓《ひいき》されている」と言われて苦しいです。どんなふうに考えたらよいでしょうか? また、先生や先輩や後輩などの人間関係で悩まないようにする方法はありますか?

A 先生も人間ですからね。客観的に「あ、この人って贔屓するんだな、大変な人だな」とシンプルに思うといいですよ。先生や周りに対して感情移入せず、自分の踊りに向き合ったほうが成長も早いし、自分のためになります。周りの意見を気にする時間があったら、自分の練習をしましょう。人間関係の悩みはどの世界でも一生の課題ですが、**結局、他人は他人**。自分の人生を自分で守るため、周りの意見に惑《まど》わされすぎないようにしたほうがいいと思います。人に裏切られるくらいなら、はなから信じ込まないのも一つの手です。本当に信じられる親しい人が数人いれば、それで十分だと思います。

Q **バレエ教室で陰口《かげぐち》を叩かれていて、やめたくなります。けっけちゃんならどうしますか？**

A 環境は大事なので、思い切ってほかのバレエ教室に移るのも手。もしくは先生にすべて伝えるか、**陰口を言ってる本人と一対一で本音を話すこと**です。さらに上級テクニックとしては、陰口を言ってる人を直接褒《ほ》めて、頼ること。たとえば、あえて本人に「〇〇ちゃん、これ上手だから教えてほしい」などと聞いてみてください。褒められて嬉しくない人はいないので、仲良くなるのにオススメ！　これは私もよくやる秘策です。

Q **ライバル心むき出しで、すぐに張り合ってくる人がいます。どう対処したらよいですか？**

A かなり上級テクですが、「あなたとライバルなんて、よくもまぁ、この私も同じ土俵にいると勘違いしていらっしゃるのね！」と思うようにしています。「あなたとは次元が違いますわよ♡」というマインドですね。張り合ってきても、こちらが相手にしなかったら済む話です。**相手よりも自分と向き合う時間を大切にしましょう！**　何か言われても「生きてる場所があなたとは違います！さいならー！」っていう感情を持っていると、アホらしくなってきて楽しいですよ（笑）。

Q **レッスンがあるせいで、学校の友達に「付き合いが悪い」と言われます。けっけちゃんは学生時代、どんなふうにしてうまく付き合ってきましたか？**

A これは私も経験がありますが、私はそのぶん、学校の中で楽しんでいました。放課後に遊べないくらいで**「付き合い悪い」と言ってくる時点で、その子はもう本当の友達じゃないと思います。**私にとって学校は「遊びに行く場所」というくらい、バレエのほうに集中していたので、付き合いが悪いと言われても「お前、将来見とけよ」って思ってました。めちゃくちゃ性格悪いですね（笑）。

Q **主役を踊ることになりました。真ん中を踊るときの心構えや意識があれば教えてください。**

A 自信を持って、堂々と踊る。そして、**周りの人や支えてくださる人への感謝と敬意を持つ**。あと、たくさん練習をすること！

Q **舞台上でも笑顔が素敵なけっけちゃんに質問です。緊張してうまく笑えないとき、どんなふうに考えればうまく笑えるようになりますか？**

A 練習のときから本番を想定しておくこと。究極、**「私の笑顔が、この中の誰よりもいちばん！　最高！」と思うこと**。そして、私の笑顔が連鎖《れんさ》して、その場にいるほかのダンサーやお客様も巻き込んで全員、笑顔にしてやるぞ！　という芸人根性です。簡単ではないですが……。

Q 役になり切るのが恥ずかしくてできません。どうしたらなりきれますか？　また、役になり切るために気をつけていることはありますか？

A 役になり切れていないほうが恥ずかしい、と個人的には思います。「数年後に自分の映像を見たときに恥ずかしくない状況を作りたい」と私は思うので、下手でもいいから一生懸命《けんめい》、**自分なりに向き合うことがいちばん大事**だと思います。それが必ず糧《かて》になって、今後に活かされるはずです。あと、自分と違う人の人生を踊れるなんて、普通に楽しくない？

Q トゥシューズだと、バレエシューズのように踊れずに苦労しています。トゥシューズで踊るためのコツや心構えを教えてください

A バレエシューズとトゥシューズは全く別物だと思ったほうがよいですね。身体を上に引き上げる力はかなり必要なので、練習量と慣れ。あと、**最終的には気合い**です。「トゥシューズを履《は》いてる自分、最高！」と思うことが近道な気もします。

Q 人と自分を比べてしまって苦しいです。けっけちゃんもそんなときはありましたか？

A 今でもその感情は私にもあります。でも、それは人間にとって絶対必要なことです。比べるから前に進もうとするし、頑張って努力する。シンプルに考えたほうがいいと思います。人生、何事も反骨精神です。**人と比べて苦しんでる時間があるなら、自分と向き合う時間に当てましょう！**

Q 先生に叱られてばかりで心が折れそうです。どうしたら前向きに考えられますか？

A 先生は自分のためを思って、もっと上手になってほしいから叱っているということを念頭に置いてみて。そもそも、**どうでもいい生徒には怒りません。**あとは、「もっと上手になって先生にギャフンと言わせてやる！」という反骨精神が絶対必要です。

Q ターンアウトができずに先生に怒られてばかりです。少しでも開くようになるには、どんな意識・トレーニングが必要ですか？

A 重心が後ろに乗りすぎていると股関節《こかんせつ》が回らないので、少し前、**軸足側にしっかり乗る意識が必要**だと思います。あとは、股関節周りの柔軟性も大切。私の YouTube に載せているストレッチ動画で柔《やわ》らかくなった人が多数いらっしゃるので、ぜひご覧ください♡

Q 男性パートナーと踊るとき、恥ずかしくてうまくいきません。アドバイスをください！

A これも恥ずかしがってるほうが恥ずかしいですよ。せっかくの踊りが気持ちによって小さくなってしまうので、**踊ってる時間以外も、少しでもいいから相手とコミュニケーションを取ること。**一人で踊るのと、男性と二人で踊るのとでは大きく違います。たくさん目を合わせる練習も必要なので、困ったことや気になったことは、なんでもいいから相手に聞いて会話してみましょう。

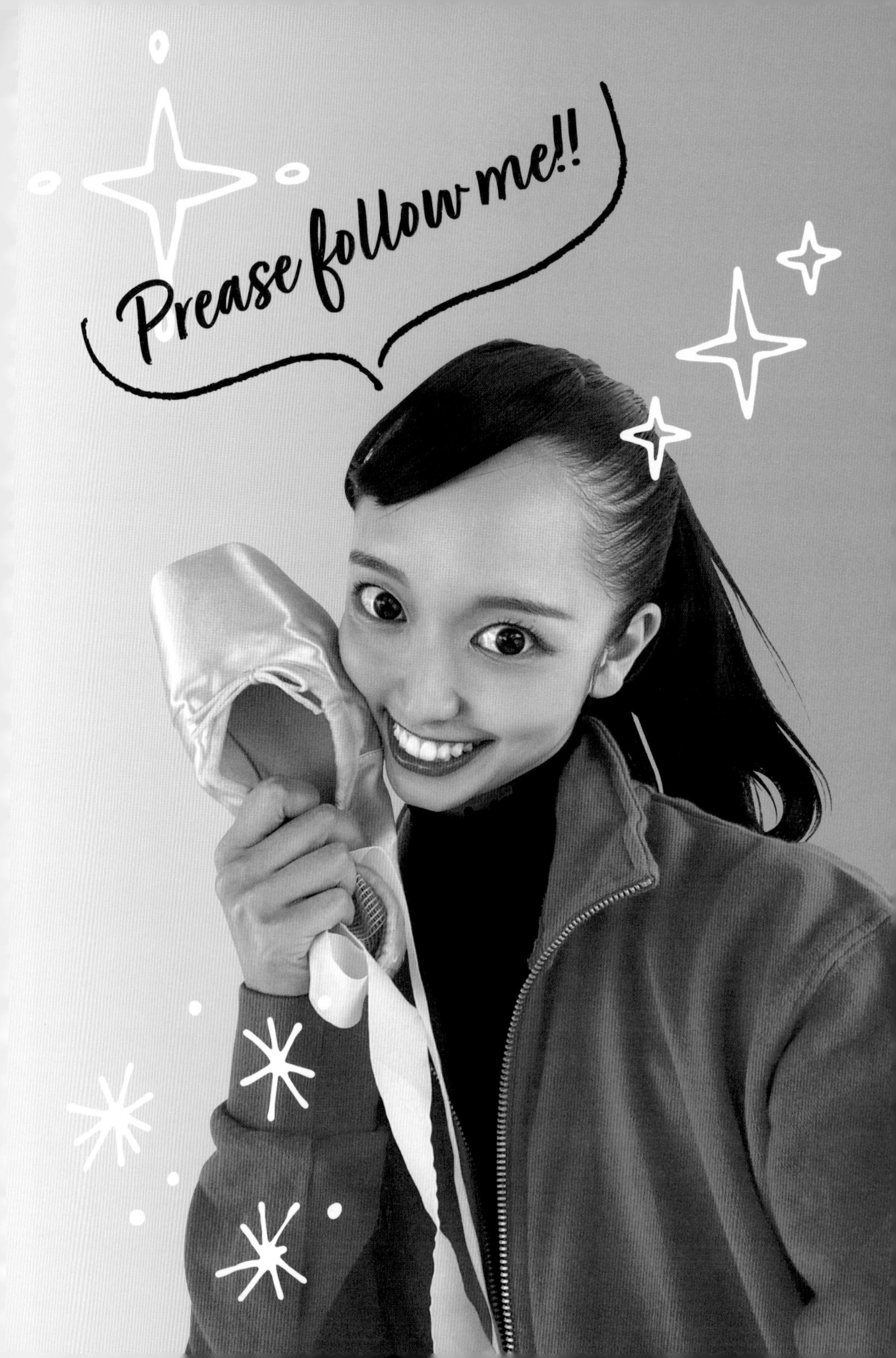
Prease follow me!!

学校・日常編

3rd act

バレエあるある

授業中の挙手は無意識でもめちゃくちゃキレイで、机の下では甲出ししてる

バレエを習っていると、どうしても無意識のうちに動きが全部、優雅になります。ただ、挙手するだけなのに、指先まで意識してピンと伸ばし、姿勢はまっすぐに。机の下ではつま先を内側に折ることで、甲を出すトレーニングに余念《よねん》がありません。この甲出し、よく「痛そう」と言われますが、すっかり慣れてしまっているので、このほうがむしろ楽♪　ただ、お行儀《ぎょうぎ》はあんまりよくないから、白い目で見られる可能性も。場所を選んでやってな～。

後ろにプリントを配るとき、無意識に上半身を柔《やわ》らかく使ってしまう

これは無意識と言いつつ、自慢が入ってますね（笑）。バレエを習っていると背中が柔《やわ》らかいので、わざわざ大きく反り返って「私、やってますよ」感を出します。特に新学期は、「何か（習い事）やってるの？」と聞かれたくて、わざわざするのがバレエ少女のお約束♡　みんなに「すごいね！」とキャーキャー言われるので、学校で唯一、ヒーローになれる瞬間です。私も何度もこれをしてましたが、そのうち「もうえええって」と言われてました。テヘッ！

同じクラスにバレエ習ってる子がいると、とりあえず最初はマウントを取り合うけど、その後はちゃんと仲良くなる

新学期、新しいクラスや学校に、今までしゃべったことがないバレエを習っている子がいると、ライバル意識が芽生《めば》えがち。自分より上手だったら困るから、いきなり仲良くならず、「オタクはどのくらいのレベルなんですか？」と探る感じで、発表会で踊った役やコンクールの順位、留学の経験などのマウントを取り合います。でも、一年も経つ頃には、誰よりも話が通じる相手だとわかって、めちゃくちゃ仲良くなるんです。その結果、いちばんの同志に！

上履《ば》きでトゥシューズしちゃう

ちょっと足を上げたらみんな大げさに褒《ほ》めてくれるから、学校ではヒーロー気分

ブランク明けのレッスン、壊滅《かいめつ》的に踊れない

夏休みや冬休みなど、長いお休み明けのレッスンはしんどい！　夏は発表会シーズンなのでまだいいけれど、冬休みは何もなくて太りがちなので、年明けのレッスンはめちゃくちゃキツかった。股関節《こかんせつ》が硬《かた》くなっているせいで足は開かず、５番（バレエで定められたポジションのひとつ）にも入らない……。学生のうちは月謝クラスで定期的に踊れるからまだいいけれど、大人で趣味として踊る場合、習慣化が本当に大切。なるべく休んだらアカンよ！

放課後のレッスン分もあるから、とにかく荷物多い

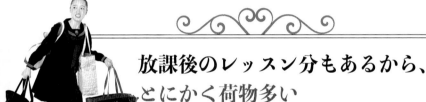

自転車乗るとき、姿勢よすぎ＆超ガニ股になる

バレエを小さい頃から習っていると、股関節が柔らかくて足が開きやすいので、無意識のうちにガニ股になります。しかも、常に引き上げるクセがついているので姿勢がよすぎて、自転車に乗っていると、まるでバイクに乗ってる特撮ヒーローみたいに。向こうから来たらめちゃめちゃ強そうで怖いやろな～、と思います。ちなみに、私は自転車には乗れませんが、学生時代、男子の前ではわざと姿勢を悪くして、歩くときは内股気味に歩いてました。嫌われたくない乙女心です♡

post card

160 - 0022

恐れ入りますが
63円切手を
お貼り下さい。

東京都新宿区新宿5-18-21

吉本興業株式会社
コンテンツ事業本部 出版事業部

ヨシモトブックス編集部
松浦景子のバレエあるある キラキラ★

フリガナ	性別	年齢
氏名	1.男　2.女	

住所　〒□□□-□□□□

TEL　e-mail　@

職業　会社員・公務員　学生　アルバイト　無職
マスコミ関係者　自営業　教員　主婦　その他（　）

ヨシモトブックス　愛読者カード

ヨシモトブックスの出版物をお買い上げいただき、ありがとうございました。
今後の企画・編集の参考にさせていただきますので、
下記の設問にお答えいただければ幸いです。
なお、お答えいただきましたデータは編集資料以外には使用いたしません。

本のタイトル

松浦景子のバレエあるある キラキラ★

お買い上げの時期

年　月　日

■この本を最初に何で知りましたか?

1 雑誌・新聞で(誌名　　)
2 テレビ・ラジオで(番組名　　)
3 ネットで(具体的に　　)
4 SNSで(具体的に　　)
5 書店で見て
6 人にすすめられて
7 その他
(　　)

■お買い求めの動機は?

1 テーマに興味をもって
2 著者に興味をもって
3 カバーに興味をもって
4 ゲストに興味をもって
5 その他(　　)

■この本をお読みになってのご意見・ご感想をお書きください。

■今後、松浦景子に期待していることは?
(プロデュースしてほしい物、やってほしいイベント等なんでも)

★ご協力ありがとうございました。

バレエショップ内に入るとバレリーナスイッチがONになって姿勢よくなる

店外：OFF

店内：ON

バレエ用品を売っているショップ内は、バレエ関係者ばかりいます。そのプレッシャーから、「あの人もバレエやってるはずなのに、あの姿勢、なんなん？」と思われたくなくて、急に姿勢がめっちゃよくなります。また、キレイな店員さんが多いから、話しかけられたときに美しい姿でいたい気持ちも。ちなみに、私は疲れているときは、「娘の買い物なんですよ」「別のダンスの人ですよ」感を出すために、わざと姿勢を悪くすることがあります（笑）。

絶対忘れ物をしたであろう、猛《もう》ダッシュでバレエ用品買いに来る人おる

本番かレッスン前に忘れ物に気づいて、買いに行くしか方法がなくて、急いでお店に来る人がいます。特定のコーナーめがけて猛《もう》ダッシュして、すごいスピードで支払い、「そのままでいいです！」と叫んで、品物をつかんでまた、ダッシュで去っていく……私もよくやってました。意外と忘れやすいのがタイツとバレエシューズです。買いに行く時間がないときは最悪、靴下で！　私は、男性ダンサーが本番でサポーターを忘れて、買いに走っているのを見たことがあります。

新人店員とベテラン店員の スピードが違いすぎる

バレエショップの新人店員さんとベテラン店員さんは、特にトゥシューズのフィッティングのときに違いが出ます。ベテランさんはトゥシューズのメーカーやサイズ感まで把握《はあく》しているし、相手が話す内容をすぐに理解して動けます。一方、新人さんはまだわからないことが多く、なんでも上の人に確認するから時間がかかります。また、ベテランさんはいつでも動けるよう、忍者みたいに座ってはるのが特徴。あと、基本的に圧が強めで、目が笑っていません。

フィッティングで散々店員さんに トゥシューズ出してもらったあとの 「結局、今日は買わない」ってときの空気、 気まずすぎる

トゥシューズは、自分の足に合うものを見つけるまでに時間がかかります。サイズが合うだけでなく、ソールのしなり具合や立ったときの安定感など、チェックするポイントが多いから、何十足も試した結果、「やっぱり違う」となることも。お値段も一足あたり一万円近いので、ホイホイ買うわけにはいきません。だから、苦渋《くじゅう》の決断で「今日はやめておきます」って断るけど、めちゃくちゃ気まずい。私は一応、迷ってるフリだけはします……。

ママを介さないと店員と会話できない人見知り女子おる（でも、ママにはかなり生意気）

試着室でついポーズを取ってしまう

フィッティングなのに指導してくる店員おる

バレエショップの店員さんは、バレエ経験者がほとんど。だから、いざ目の前でトゥシューズを試されるとプライドが出るのか、「もう少しひざを伸ばして」とか「お尻もっと締《し》めて」とか指導し始める人がいます。それまでは和気あいあいムードだったのに、急に指導されると「買う気なくなるわ」ってなることも。上手な店員さんは大抵《たいてい》、褒め上手♡ 「これ硬いんですけど、すごい甲出ますね～」「見た感じ、すごくキレイ」なんて言われたら買っちゃいます。

プロバレリーナに遭遇《そうぐう》したとき、ストーカーみたいになる

バレエ習ってる子が 言われて傷つく言葉 ベスト5

第1位
バレー頑張ってな
第2位
太った？
第3位
ハゲてるー
第4位
柔らかすぎてキモい
第5位
バレエやってるってことはお金持ちのお嬢様やんな

このあるあるは、ファンの皆さんにアンケートを取って生まれました。頑張っているバレエを「バレー」って書かれただけでプライドは傷つき、体型のことは何よりも気にしている言葉。ハゲはお団子しすぎたのが原因で、ホンマに恥ずかしい……。柔軟性も、バレエ教室では普通のことを「気持ち悪い」と言われたらショックです。バレエは、確かにコンクールに出るとお金がかかるけど、普通に習うぶんには、そこまでかかりません。言われたら、「えー、貧乏人《びんぼうにん》！」って返したれ！

幕間 *Intermission 3*

松浦景子、
バレエが大・大・大好きすぎて……

オリジナルレオタードを作っちゃいました!

2023年、私が完全プロデュースしたレオタードが発売されました!
私は3歳からバレエを続けていますが、レオタードを製作することが
夢のひとつでした。私の理想を全部詰め込んだ自信作、ぜひ見てください♡

背中は
こんな感じ!

ホワイト

ネイビー

パリジェンヌをイメージして作った「トリコロールレオタード」です。スクエアに開いたネックラインは、鎖骨《さこつ》がキレイに見えるけど、胸の谷間は絶対見えない絶妙な開き具合にこだわりました! ホワイトはとびきり可愛《かわい》く、ネイビーは少し大人っぽく着られます。

3色ラインと
パフ袖《そで》が激カワ!
トリコロールタイプ
レオタード

キュート＆ドレッシーを演出！
プリンセスタイプレオタード

チャコールグレー

背中は
こんな感じ！

ブラック

パフスリーブは、子どもっぽく見えないボリュームにこだわりました。ハイネックですが、首が長く見える位置に調整しています。胸の大きさにコンプレックスがあっても着やすいように、胸周りをほどよくカバーするデザインに。お勧めはチャコールグレーで、細見え効果大です♡

ピンク

私は思春期の頃から体型にコンプレックスを抱いてきました。可愛いレオタードも、私が着ると何か違う……鏡の中の自分を見るたび、ガッカリしていました。

そこで、レッスンを頑張《がんば》るモチベーションが上がるようなレオタードを作りました！

色、形、素材、バランスなど、10代から研究し続けてきた「１ミリでもスッキリ見える」要素を全部詰め込んでいます。それでいて「ありきたりじゃない」デザインにもこだわりました♡

第１弾はすでに完売しましたが、このあとも「体型カバーのレオタード」などの新作を予定しています！　これからの展開はブランド「Kekke」の公式ＳＮＳをチェックしてな〜♡

バレエ男子・プロダンサー・大人バレエ編

4th act

バレエあるある

パ・ド・ドゥのとき、女性の髪の毛が顔にバシバシ当たってる男性ダンサーおる

※パ・ド・ドゥ　二人で踊ること

たまに振付家や作品の指定で、女性が髪をお団子にせず、髪をおろした状態やポニーテールで踊ることがあります。パ・ド・ドゥの場合、男性との距離がかなり近いので、その髪型で回転すると、髪が男性の顔にバシバシ当たって、めちゃくちゃ痛そうに。あと、女性を肩にリフトするとき、硬《かた》いチュチュ（衣装のスカート部分）の端《はし》が男性の顔に当たるともう、痛いどころの騒ぎじゃないはず。男性にとっては、試練です。申し訳ないけれど、よりよい踊りのために耐えてな〜！

練習では人見知りして男性を直視できないのに、本番は何かが取り憑《つ》いたかのようにガンガン目を合わせて、バリバリ踊る女子おる

パ・ド・ドゥに挑戦させてもらえるようになるのは、ちょうど思春期の頃から。よほどフレンドリーな子じゃない限り、男性と組むことに緊張します。いわゆる「吊り橋効果」で、ハラハラしすぎて恋しちゃう女子もおる（私もそれ）。そんなわけで、練習中は目も見られないほど緊張しているのに、根っこは舞台大好きやから、本番になると変なアドレナリンが出て、バチバチに目を合わせて踊れたりするんですよね～（笑）。練習のときから本気出してこ！

パ・ド・ドゥの本番中、お客さんに聞こえないギリギリの音量で背後からアドバイスしてくる

ダンサーは案外、舞台上でおしゃべりしているのですが、パ・ド・ドゥでも同じです。ただし、パ・ド・ドゥの場合は「注意」「指導」がメイン。前にいる女性にかぶって顔が見えないとき、男性はよく「おなか」「引き上げて」「まっすぐ」など、単語で指示してきます。背後からブツブツ言われるのはありがたいんですけど、たまに怖い。ちなみに、海外のダンサーの場合は「オウ！」「フッ」など、つい声が漏《も》れることはあっても、あまり指導はしないそうです。

レッスン中、自分に酔《よ》いしれすぎてる男性おる

バレエダンサーはレッスン中に鏡を見る回数が多いので、鏡を見るのがクセになりがちです。特に男性ダンサーには、「ナルシスト？」というほど、鏡の自分に酔《よ》いしれてる人が多いんです。踊る前も最中も終わってからも、ず〜っと鏡を見ていて、全然こっちを見てくれない人もいます。SNSに自撮りを載せる男性ダンサーも多く、最近の流行りは足元のアップ。「俺、こんなに足キレイなんだぜ、甲出ちゃってるんだぜ」と見せつけてきます。もうええって！

たまにへっぴり腰になる
『ドン・キホーテ』第3幕
パ・ド・ドゥのバジル

『ドン・キホーテ』第3幕、キトリとバジルのパ・ド・ドゥでは、女性が足をア・ラ・セゴンド（横）に上げてターンする振付があります。ちょうど男性の大事なところに当たる高さなので、足が迫ってくると男性は腰が引けがちに。特に、まだ技術が安定していない子は自立して回れないので、男性は早めに女性の腰をつかんであげる必要があり、腰が引けながらも急いで駆《か》け寄ってくれます。そんな男性パートナーは、めちゃくちゃ優しい人ですね。

たまにアツすぎて 胸焼けしそうなエスパーダおる

エスパーダは『ドン・キホーテ』に登場するスペインの闘牛《とうぎゅう》士《し》のこと。男性闘牛士たちを従えて女性にモテまくるという役なので、もともと濃い役ですが、たまに「ふざけてますか？」というくらいアツすぎることも。ヘアメイクが濃くて、ぶっといもみあげ&眉毛は、まるでゴルゴ13。女性とも距離もめちゃくちゃ近くて、特に関西のダンサーは表情も演技も濃すぎてうるさいし、熱気も色気もムンムン。胸焼けしそうやけど、これはこれで面白い！

コンテンポラリーダンサーの宣材写真が怖すぎる

コンテンポラリーダンスとは、ざっくりいうと現代舞踊《ぶよう》のこと。クラシックバレエとは違う独創的な芸術を求めるダンサーが多いので、宣伝用の写真も独特になりがちです。ほぼ顔が見えないくらい暗かったり、人間らしからぬ動きをしていたり、あえてブレていたり、布をかぶっていたりと、「本当に宣材写真に使って大丈夫？」と思う写真のときも。舞台を観たあと、チラシやパンフレットを見ても、どれが誰なのかわからないとき、めっちゃ多いんです。

話しかけんなオーラがムンムンの男性ダンサーと写真を撮ってもらいたいとき、「今から戦《いくさ》に行きます」ぐらい気合い入れる

オープンクラスのレッスンに行ったとき、憧《あこが》れのダンサーを見かけたら声をかけたくなるもの。でも、なぜか男性ダンサーはアップ（レッスン前の準備）のときから自分の世界に入り込んでいる人が多いんです。「カッコイイ俺を見られたい」意識もあるから、やけに集中しているので、うっかり声をかけるとキレられることも。ただし、一流のかたほど優しくて、話しかけると笑顔で応対してくれます。うまい人ほど優しいのは、バレエ界のお約束やんな。

レッスン中、感情を込めすぎるピアニストおる

ピアニストさんの中には、バレエのレッスンでの伴奏を専門にされているかたがたくさんいます。上手なかたが弾くクラスでは、自然と心も体も乗ってくるので気持ちよ〜く踊れるもの。でも、たまに、ダンサー以上に気持ちよくなって、感情を込めまくって弾くピアニストさんもいます。全身揺《ゆ》らしまくって弾いて、ダンサーなんて見えてない（笑）。ちなみに以前、私がいるのに気づいたピアニストさんが新喜劇の曲を弾いてくれたことがあります♡

先生の言葉、文字数多すぎて聞き取れず、置いてけぼりになるマダムおる

デヴェロッペ・
ドゥバンからパッセして
ア・ラ・セゴンドに上げて…

大人からバレエを始めたかたは、横文字のバレエ用語がすっと頭に入りにくいので、先生がバレエ用語満《まん》載《さい》で振付や注意をすると、あきらめてしまいがち。だから、先生が話したあとに怪訝《けげん》な顔で首を傾《かし》げている人や、ため息をつきながらブツブツ言っておさらいしてるマダムが、かなりいます。あと「前の人、見ながらでいいかな」と、はなから覚えようとしないマダムも。置いてけぼりにならないように、わかりやすく丁寧な指導が大切ですね。

のマダム4種盛り

※マダムの名前は私のイメージです♡

No.1
金森《かねもり》しげ子《こ》

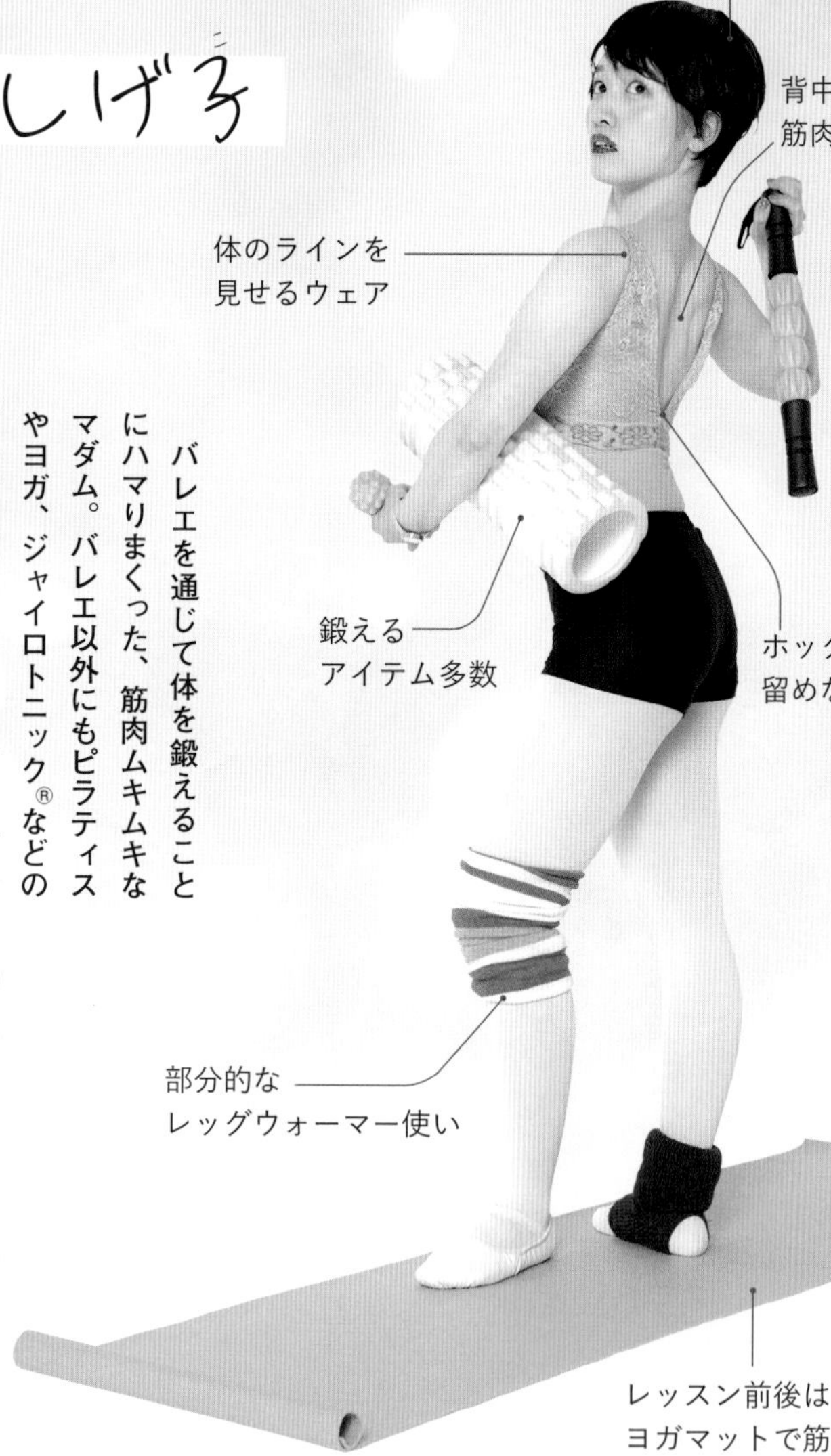
ショートカット or ターバン
背中の
筋肉が自慢
体のラインを
見せるウェア
鍛える
アイテム多数
ホックは
留めない
部分的な
レッグウォーマー使い
レッスン前後は
ヨガマットで筋トレ

バレエを通じて体を鍛えることにハマりまくった、筋肉ムキムキなマダム。バレエ以外にもピラティスやヨガ、ジャイロトニック®などのダンサー向けトレーニングを入れつつ、ジムや自宅での筋トレにも余念がありません。年齢を聞いたらビックリするほど若々しいボディの人が多めです。一見、ストイックなので話しかけにくいけど、レッスン中に誰かが難しいテクニックを成功させると拍手するような優しさも♡　あと、ゲイナー・ミンデンのトゥシューズを履きがちです。

強烈！大人バレエ

No.2

山田《やまだ》すみれ

いつも笑顔
(噂《うわさ》話も好き)
ベロアの
レオタード
流行の
アイテム
(ストール)を
持っている
トゥシューズ
必携《ひっけい》
長めの巻き
スカート派
紫色が好き

趣味のバレエを満喫《まんきつ》しているマダムで、長期ブランク明けの再開組に多いタイプです。今はバレエを完全に趣味ととらえているので、レッスン中も明るくて優しいんです。若社長と結婚して子育てが落ち着いたところで再開したので、懐《ふところ》にも比較的余裕があり、レッスンウェアもたくさん持っています。特に、高級感のあるベロアのレオタードがお好き♡気になるバレエ公演があると、教室の仲間たちに声をかけてチケットをまとめ買いするなど、みんなを引っ張る面も。

私のイメージです♡

No.3

島《しま》 明《あ》日《す》香《か》

カチューシャON

金髪や茶髪の
派手色

絶対肩出し

レースの
トップスで
二の腕を隠す

柄《がら》 on 柄の
コーディネート

黒レギンス×
黒バレエシューズ

バレエに夢中なあまり、年齢の近い大人バレエの生徒をライバル視するメラメラ系マダムです。負けず嫌いなので、ちょっと踊れる大人バレエの生徒（自分よりうまいとは認めない）と張り合ってしまい、発表会のときに揉《も》めることも。一方、ジュニアやプロなどのうまい生徒には愛《あい》想《そ》がいいんです。さらに、お気に入りの男性の先生のクラスのときは、セクシーな装《よそお》いで女度アップ！　クラスの前後は先生を独占して話しかけ、クラス中に自分が注目されないとイラッ！（怖）

※マダムの名前は

No.4
佐《さ》々《さ》木《き》 優《ゆう》

髪の毛は
適当に結ぶ
よく汗をかく
ウェアは
体型を隠す
オーバーサイズ
汗をかくための
インナー
GANIM
水分補給大事
ダボダボの
ロングパンツ

健康のためにバレエに通うマダムです。レッスンに来るのは遅く、帰るのは早め（スーパーに寄るから）。娘がバレエを習っている影響で始めたものの、自分に自信は全くないので、毎週、気持ちを奮《ふる》い立たせてスタジオにやってきます。レッスン中、難しくてついていけないときは見学、または歩いて、そっと端にハケがち。毎回、「発表会に出てみない？」と誘われると断るけれど、トゥシューズには興味津々《しんしん》！ 旅行に行くと、お土産《みやげ》を買ってきて配ってくれます。

奇跡の3ショットが実現！
松浦景子×中村祥子《なかむらしょうこ》×菅井円加《すがいまどか》
けたバレエあるある」とは？

ヨーロッパや日本のバレエ団で踊り続け、多くのダンサーからも慕《した》われている
世界的プリマの中村祥子《なかむらしょうこ》さん。そして、松浦景子と同い年であり、
ハンブルク・バレエ団のプリンシパル（最高位）として躍進《やくしん》を遂《と》げる菅井円加《すがいまどか》さん。
第2弾となる本書では、松浦景子が憧《あこが》れてやまないおふたりと
「あるある」ネタを語り合うという、豪華極《きわ》まりないトークが実現しました！
思いがけないネタも飛び出す、
三人の笑いの絶えないクロストークをお楽しみください♡

「私が見つ

体育の時間のバレエダンサーは何かと周りに笑われる!?

松浦（以下M）：まずは学生時代のお話をお聞きしたいのですが、体育のときにバレエっぽい動きになって、周りから言われることってありましたか？

中村（以下N）：自然と両手両足が伸びてしまうから、周りから「バレエっぽい！　もっとやって！」と言われてましたね。それに応えるのも大変だから、なるべく普通に見えるようにしてました。

M：私は全く隠さずに「どやっ！」って見せていたほうなので、隠していらしたとは意外です。

菅井（以下S）：私も松浦さん寄りでした。いつも男の子たちとドッヂボールしたり、なわ跳びしたり、何かと張り合ってましたね。負けず嫌いなので、競技になると血が騒ぐんです。

M：円加さん、跳躍《ちょうやく》力がすごいから運動神経もよさそうですよね。

S：いや、並みですよ！　でも走り幅跳びは好きでした。ただ、ハードル走は苦手で……ハードルを超えるとき、上に高く跳びすぎてしまうから走るスピードが落ちてしまうんです。しかも周りから、スーパーマリオがゲームの中で跳ぶときの効果音をつけられてました（笑）。

N：あとは足が開いているせいで、歩く姿が「ヤンキーみたい」って言われることも多かったなぁ（笑）。普通に歩いているだけなのに（悲）。

M：まっすぐな姿勢とガニ股で向かってくると妙なオーラがあるんですよね（笑）。

九州出身の中村祥子さんが証言！
九州に多い独特なアイメイクとティアラとは

M：今回、関東・関西・九州の舞台メイクの違いを載《の》せました（54ページ参照）。祥子さんは佐賀県出身ですが、舞台メイクはいかがでしたか？

N：九州のメイクは確かに濃ゆいほうだと思います。線が多くて「いくつ目があるんだろう」っていうくらい（笑）。

M：ダブルラインどころか、トリプルラインくらいありますもんね（笑）。やはり目元に赤と白を入れましたか？

N：目頭と目尻のところに入れてました。

M：あと、関西もそうですけど、九州でもおでこやこめかみに巻き毛みたいな髪の毛、描きますよね？

N：どこまで続いているんだろうってぐらい描いている子がいました（笑）。

M：教室によって顔が決まりますよね。「あの教室はあのメイク」という決まりができてる。

S：確かに、西日本方面の教室のかたとコンクールで会うと、誰が誰かわからないことがよくありました。

中村祥子（なかむら　しょうこ）

1980年生まれ、佐賀県出身。6歳からバレエを始める。1996年、ドイツのシュツットガルト・バレエ団へ留学。98年、同バレエ団に研究生として入団。2000年、ウィーン国立バレエ団に入団。06年、ベルリン国立バレエ団に入団し、07年、最高位であるプリンシパルに昇格。13年、ハンガリー国立バレエ団にプリンシパルとして入団。15年、活動拠点を日本に移し、Kバレエカンパニーのゲストプリンシパルとして活躍。20年、同バレエ団を退団し、名誉プリンシパルとなる。現在はフリーとして精力的に活動中。01年ドイツ・ルクセンブルグコンクール1位、16年、第66回芸術選奨 文部科学大臣賞（舞踊部門）など、受賞歴多数。

N：あと、これもネタにあったけど、確かに九州ではティアラを多めに着けていると思う。私も着けてたりしていました（笑）。

海外のダンサーには本番直前まで気が抜けているタイプが多い！

S：私、けっけちゃんのネタの中で、海外留学から帰ってきたばかりの子が好きなんです。ストレッチ中の目線とか「あるあるある！」って。

M：海外のエキスをたっぷり吸って帰ってきたばかりの子って、たまらないですよね。

S：海外っぽい自由さをまとって帰ってきますもんね。海外はコンクールに出場する人たちの雰囲気《ふんいき》も同じで、日本に比べるとチル（まったり）って感じ。出番の前も座っておしゃべりしたり、コスチュームを直したりして、いつの間にか踊りに出ていくからビックリします。「いつ練習したんだろう？」って。

N：海外のダンサーって、ギリギリのタイミングでトゥシューズを履《は》く人も多いよね。もうすぐ踊る番なのにずっと座っていて、出番直前で急に履いて踊り出す（笑）。

S：バレエ団に、いったん舞台袖《そで》に引っ込んでまたすぐ出ないといけないのに、トゥシューズを脱ぎ始めたダンサーがいたんです。「すぐ出るんじゃないの？」って聞いたら「私、脱がないと疲れるからダメなの」って……。「リボン結んだり、慣らしたりする時間も必要なのに大丈夫なの？」って見ている私のほうが焦《あせ》る。そういうメンバーがいるとハラハラして、こっちが疲れます（笑）。

N：でも、そういう気持ちの余裕を自由に持つことでうまくいくときもあるから、そんな強さも持ちたいなと思う。

脱ぎ忘れ、衣装トラブル……意外とよくある!? 舞台上の失敗あれこれ

N：そういえば『白鳥の湖』のコール・ド・バレエ（群舞《ぐんぶ》）のダンサーがひとり、レッグウォーマーをつけたまま舞台上に出て踊り始めてしまい、上手《かみて》のほうに行ったときに素早く脱いで、ポンと投げ捨ててました。

S：私も似たようなエピソードがあって、一緒に踊る男の子がブーティ（足を温めるためのシューズ）を履いたまま、舞台に出ちゃったんです。しかも、ギラギラに派手な蛍光《けいこう》の緑色のブーティ。お客さん、ザワつくザワつく（笑）。舞台上で本人も気づいたけど途中で抜けられないので、仕方ないからずっと履いたままポーズして、「I have no chance.（脱ぐチャンスがない）」ってブツブツ言ってましたね。彼はその日、ディレク

菅井円加（すがい　まどか）

1994年生まれ、神奈川県出身。3歳からバレエを始める。2012年、スイス・ローザンヌ国際バレエコンクールでクラシック、コンテンポラリーの両部門で1位を獲得し、ジョン・ノイマイヤー氏が総監督を務めるドイツのナショナル・ユース・バレエに入団。その後、14年、ハンブルク・バレエ団に研修生として入団。15年、コール・ド・バレエとして正式団員となる。17年、ソリストに昇格し、ノイマイヤー氏が振付する『シンデレラ・ストーリー』などで全幕物の主役を務める。19年、同バレエ団で日本人初となる最高位・プリンシパルに昇格。23年現在も、同バレエ団で活躍している。

ターから逃げるかのように猛《もう》ダッシュで帰ってました（笑）。

N：私は『眠れる森の美女』の第1幕でオーロラ姫を踊っている最中、肩ひものゴムが切れたことがあるの。しかも、マネージュ（回転しながら一周する技法）の直前で……。仕方ないから、片手で胸元を押さえながら回りました。

M：祥子さんがやると「そういう新しい振付なのかな？」って思われそう（笑）。舞台はいろんなアクシデントがありますよね。私も吉本新喜劇の舞台で、履いていた靴が脱げて飛んでいってしまって、客席にいらした男性のおでこにゴーンって当たったことがあります。

S：すごい！　クリティカルヒット（笑）。

場当たりはまるで戦場？
国内バレエコンクールあるある

M：私は子どもの頃から周りを観察したい人間で、コンクールのときもよく観察していたんです。「この子、場当たり（立ち位置などを確認すること）でマウント取ってくるな」とか。

S：コンクールの場当たりって怖いですよね。舞台上におおぜいのダンサーが密集して踊るから、至近距離でピケ・ターン（片足を軸に回る技法）しながら進んできたり、目の前にアラベスク（片足で立ち、もう片方の足を上げる技法）の足が上がってきたりすると、ぶつかりそうで怖い！

N：タンバリンが飛んでくることもあるもんね。

S：だから私、いつも舞台袖の中で動いてました。場当たりの意味ないんですけど（笑）。あと、たまに舞台上で生徒と一緒に動く先生もいますよね。

M：それは大概《たいがい》、関西の先生ですね（笑）。関西の先生は気持ちが入りすぎて、もう一緒にコンクールに出てる気分になってるから、袖にいないといけないのに前に出てくる。それで全出演者に聞こえるくらい大声で「○○ちゃん、かかと前～‼」って絶叫を……。

S：いたいた～！

M：響き渡りますよね。そのパターン、大体関西の先生です。

普段はシャイでも、本番だけは頑張れる⁉ 日本の学生さんに対して思うところとは

M：日本の学生さんに対して思うところはありますか？

N：時々、ワークショップで日本の学生さんに教える機会があるけど、日本人はやっぱりシャイな子が多い印象があるかな。教えていても反応がなくて、「本当にバレエが好きなのかな？」って思うときもあるけど、実はそういう子は、ものすごくバレエが好きなことがあるのよね。

M：実は私もそのタイプだったんですけど、そういう子って更衣室では絶対しゃべってますよ（笑）。今回も、「男性パートナー相手に練習のときは目を合わせられないのに、本番ではばりばりアイコンタクト取れる子」のネタを載せました（95ページ参照）。憧れのダンサーを前にすると「恥ずかしい！」ってなってしまうのに、舞台上でだけは頑張れるんですよね。普段からそうしたほうがいいんですけど……。

N：確かに、ワークショップ中は反応がないのに、終わるとサインを求めてくる子がいたなぁ（笑）。

S：日本の学生さんたちは、礼儀作法を教え込まれているのが素晴らしいと思います。日本のスタジオをお借りすると、若い生徒さんたちが朝早くから掃除してくださっていて頭が下がります！　あれは海外では見ない光景ですね。そういうところから、バレエに対するメンタルが養《やしな》われていくのかなって。

N：確かにね。私も子どもの頃、先生から「お掃除をきちんとすれば、バレエが上手になれる」って言われてましたね。

変なところで抜けている！
海外・日本の男性ダンサーあるある

S：私、ひとつ「あるあるネタ」があるんです。海外の男性ダンサーなんですけど……なぜかレッスンウェアの大事なところの布が破けてることが多いんですよ（笑）。

N：あるよね〜!!　しかも目立つところに穴が開いているから、目のやり場に困る。

M：体が柔《やわ》らかいから、縫《ぬ》っても股間《こかん》のところが裂《さ》けちゃうんかな？

N：いっそ、そういうデザインのウェアを販売したほうが早いかもしれない（笑）。

M：あと、男性ダンサーであるあるなのが、パ・ド・ドゥ（二人で踊ること）が終わったあと、女性より一歩下がってお辞儀《じぎ》するはずが、めちゃくちゃ後ろに下がる人。日本人に多いんですけど、あまりに引きすぎてむしろ、「自分、女性を立ててますよ」というレディファーストぶりを見せつけたいんかな、と思う。

S：日本のダンサーと踊ると、ときどきありますね。すぐ後ろにいるかと思いきや、すごい離れたところにいてビックリ（笑）。でも海外だと、自己主張が強くて逆に前に出すぎるダンサーもいますよ。一歩下がったはずなのに、気づくと同じラインにいるという。

N：パ・ド・ドゥなのに自分が好きすぎて、「この人、絶対に私のこと見てないな」っていう男性ダンサーもいたなぁ。リハーサル中もずっと鏡を見て、全然こっちを見てくれないから、私も自分1人で踊っちゃおって（笑）。そういうかたと『白鳥の湖』を踊るとなると、つらいよね。

初披露！　松浦景子が見つけた「中村祥子あるある」「菅井円加あるある」

M：実は私、ずいぶん前に大阪のローカル番組で、菅井さんのモノマネをしたことがあるんです。

S：ええっ！

M：結局オンエアはされなかったんですけど、「バレエで何かモノマネを」と言われて、とっさに頭に浮かんだのが、菅井さんだったんです。菅井さん、踊り終わって客席に向かって何度かお辞儀をするとき、何回かに一回、こんなふうに（片手を胸に当てて、軽くうなずく）することがあって……。

S：うわ～！　このあとの公演で絶対、意識しちゃう（笑）。

M：私、そのときのお辞儀がたまらなく好きなんですよ。感極まっていらして、観客の雰囲気を噛《か》みしめながら、ちょこっとお辞儀する感じが、すごく好きです。

S：嬉しいです！

M：祥子さんのお辞儀も大好きです！　お辞儀のときの手が、いつまでも長く伸び続けているんですよね。「お辞儀まで踊りなのかな？」と思うぐらい丁寧で。いつも上から下まで、全神経を張り巡らせて踊っていらっしゃいますが、それはお辞儀であっても同じなんだ！　と感動します。

N：実は溝下《みぞした》司朗《しろう》先生（元・東京バレエ団のトップダンサー）にも、お辞儀を褒《ほ》められたことがあるの。「お辞儀はバレリーナにとって大切。お辞儀まで魅《み》せるバレリーナこそ、最後の最後まで舞台上で物語を続けている」って言ってくださって。だから、私はお辞儀するとき、いつもそのことを意識してるから、見てくれていて本当に嬉しい！

M：お二人とも、お辞儀まで大切に踊られているのだということが伝わってきます！

プロのダンサーも共感することが多い？ ふたりから見た松浦景子のネタとは

N：ずっとYouTubeなどでネタを拝見していて、バレエを踊っている人たちがうっすらと感じていることを、わかりやすく表現してくれていることに感心していました。感じていても言葉にできないことって多いでしょう？ それを形にしているのが本当にすごいと思う。

M：ずっと観てくださっていたことが嬉しすぎて、泣きそうです……。

N：しかも、お笑いをやりながら、バレエの舞台にも立っているのは、相当努力しないとできないことだと思うんです。どちらもちゃんとやらない限り、認めてもらえない厳しい世界だものね。あと、ワークショップを開催したとき、たくさんのかたがクラスを受けに来たでしょう？ あんなふうに「この先生のクラス、楽しそう」と思っているファンがたくさんいるのも、素晴らしいことだと思います。

M：私にはバレエを楽しむことしか教えられないので、「バレエって楽しいよ」と感じていただく窓口になれたらと思っています。バレエの舞台に立つことも、お笑いを始めた当初は考えてもみなかった展開なんですが、私が踊ることで「勇気をもらえました」と言っていただくことが多かったんです。私自身、バレエから一度離れた経験があるので、同じようにブランクのあるかたに勇気を与えられるなら、芸人である私が踊る意味もあるかなと。

S：私もけっけちゃんのチャンネルから元気をもらっている一人です。バレエをお笑いとして見せてくれることで、バレエを知らないかたも興味を持ってくださるし、「本当にあるあるなのかな？」と思ってバレエを始めるかたもいるかもしれない。でも、バレエを仕事にしている身としては、すごくありがたいです。バレエの世界は目の肥《こ》えているかたも多いですし、「こうでなきゃダメ」という考えをお持ちのかたもいらっしゃるので、板ばさみになることも多いと思うんです。大変なときもありますよね？

M：確かに大変なときもあります。バレエならではの「決まり」はいいところでもあり、一方で普通の人からすると遠い世界に思われる要因でもあるな、と思います。でも、「こうでなきゃダメ」という意見があるからこそ、毎回自分を正せますし、私みたいな芸人がいる意味があると思うんです。

N：けっけちゃんは、バレエの世界の中にもいろいろな見え方があるというのを表現してくれているように感じます。だからこうしてファンがたくさんいて、その実力を認めているわけだから、自信持ってね！

S：私も純粋に楽しんでますし、プロのダンサーたちにも共感して笑わせてもらっている人は多いと思いますよ。

いろいろなダンサーのモノマネをしてほしい！祥子さんからのネタのリクエスト

N：けっけちゃんは観察上手だから、いつかいろんなダンサーのモノマネをしてほしい！

M：うわ～、ハードル高いですね（笑）。確かにそれぞれ特徴がおありなので、やりたいことはありますけど……ダンサーの皆様へのリスペクトがあるので恐縮です。

N：でも、きっと本人も「確かに私、こういうことよくやってるな」って思うよね（笑）。自分が周りからどう見られているかは知っておきたいし、けっけちゃんなら特徴をとらえて上手に表現してくれそう。

S：私もそれをぜひ見たいです！

M：今日はたくさんのありがたいお話を聞けて、心の満足度がパンパンです。おふたりに出会えて幸せです……って私、小学一年生みたいな感想ですみません（笑）。ありがとうございました！

おわりに

最後まで読んでくださり、ありがとうございます！

私がバレリーナ芸人として思うこと。

それは、「バレエ界に一生、貢献《こうけん》したい」ということです！

私はバレエから離れた時期がありました。そして今は、お笑いの世界で活動しています。だからこそ、バレエが外の世界でいかに知られていないかを目の当たりにすることが、多々あるんです。

バレエは踊るのも観るのも、めちゃくちゃ面白い！　私はバレエの宣伝部長として、バレエの面白さを一般の皆様にも知ってもらいたいと思い、このような活動をしています。

では、私が宣伝部長としてバレエ界に一生かけて貢献するには、どうしたらいいか……考え続けて出た答えがこれです。

「近い将来、私の手でバレエの舞台をプロデュースしたい！」

まだバレエを観たことがないかたにも、「これなら面白そう」と思ってもらいたい。バレエダンサーのかたが楽しんで踊れるような、憩《いこ》いの場でありたい。目標なくバレエを続けているかたに「この舞台に出たい！」と思ってほしい……。

バレエ界とは少し違う場にいる私だからこそできる、バレエの楽しみ方や見方を伝えるような舞台を作りたいんです。私は昔、振付家・演出家になりたくて、大学時代にさまざまな勉強をしていたので、私が振付した作品を素敵なダンサーたちに踊ってもらいたい、という願望もあります。

もちろん、バレエへのリスペクトは忘れずに、出演者も裏方もお客様も、舞台にかかわる全員がハッピーになれる舞台が目標です！

今までたくさんのかたと巡り合い、ご一緒させていただいてきて、「このご縁《えん》をムダにしたくない」という想いがあります。素晴らしいかたがたに協力していただくことで、きっと伝説になる舞台が作れるはずです。もちろん、その舞台には私も出演します！

その舞台は日本だけでなく、世界でも評価されたい！　バレエなら、言葉がなくても伝わり、つながれるはず。絶対、世界に広まる！　と信じています。

そして、世界に広まれば、「バレエ界に一生、貢献したい」という私の想いも、いつまでも、どこまでも広がっていくことでしょう。

日本、そして世界に広がれ、松浦景子プロデュース公演！

……夢が大きすぎますか？　いやいや、「夢は大きく」が大事なんです。これまで「無謀《むぼう》やろ！」と思うような夢もたくさんかなえてきた私なら、きっとかなうと信じています。えへっ♡

　ということで、竹下景子《たけしたけいこ》、北川《きたがわ》景子《けいこ》……世界三大景子の3人目の景子こと、松浦景子でした！

またみんなでプリエしよな～♪

松浦景子

松浦景子（まつうら　けいこ）

吉本興業所属のお笑いタレント。吉本新喜劇座員。1994 年 4 月 20 日生まれ。兵庫県伊丹市出身。3 歳からクラシックバレエを習い始める。2011 年、全国バレエコンクール in Nagoya ジュニア C 部門チャコット賞。12 年、NAMUE クラシックバレエコンクール高校生の部第 2 位。13 年、大阪芸術大学芸術学部舞台芸術学科入学。15 年、吉本新喜劇に入団。同年、座間全国舞踊コンクールクラシックバレエ部門第 1 位を受賞。日本一に輝き、バレリーナ芸人としての活動を本格的に開始。17 年に開設した YouTube「松浦景子の【けっけちゃんねる】」は総再生回数 1.48 億回を突破 (23 年 3 月現在)、バレエファンから熱烈な支持を集める。現在、舞台やテレビの出演やバレエの講師のほか、バレエブランドのプロデュースなど、多彩な分野で活躍中。

YouTubeチャンネル
「松浦景子の【けっけちゃんねる】」

▼

Instagramアカウント　pinkpinks13
Twitterアカウント　@pinkpinks13
TikTokアカウント　pinkpinks13

松浦景子のバレエあるある キラキラ★

2023 年 6 月 6 日　第 1 刷発行

発行人　藤原 寛
編集人　新井 治
発行　ヨシモトブックス
〒 160-0022
東京都新宿区新宿 5-18-21
TEL:03-3209-8291

発売　株式会社ワニブックス
〒 150-8482
東京都渋谷区恵比寿 4-4-9　えびす大黒ビル
TEL:03-5449-2711

印刷・製本　　シナノ書籍印刷株式会社

©Keiko Matsuura/Yoshimoto Kogyo　Printed in Japan
ISBN 978-4-8470-7318-2　C0095
※本書の無断複製（コピー）、転載は著作権法上の例外を除き、禁じられています。
※落丁、乱丁は株式会社ワニブックス営業宛てにお送りください。送料小社負担にてお取り換えいたします。